Carnet d'Entretien
de ma Maison

Ce carnet appartient à

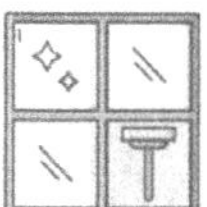

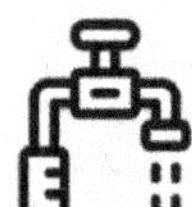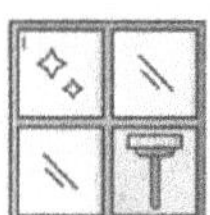

Ma Maison

Adresse

Code Postal   Ville

Quartier

Index

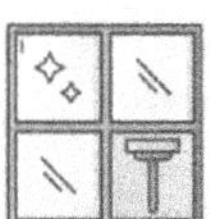

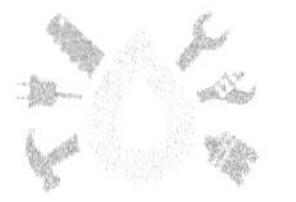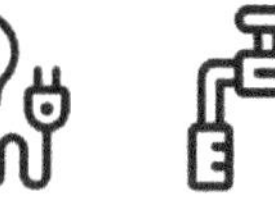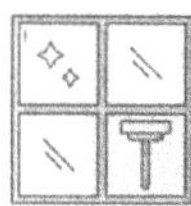

Semaine du …................... Au …........................

Entretien Courant

	Prévu	Fait
Nettoyer le filtre de la hotte aspirante de la cuisine	☐	☐
Nettoyer les dépots calcaires des robinets	☐	☐
Nettoyer les dépots calcaires des pommes de douches	☐	☐
Nettoyer la cuvette des toilettes	☐	☐
Nettoyer les cadres intérieurs des fenêtres	☐	☐
Nettoyer les cadres des portes	☐	☐
Nettoyer en profondeur les appareils électro-ménager	☐	☐
Nettoyer à fond les sols	☐	☐
Nettoyer les grilles de la VMC	☐	☐
Faire la poussière sur les moulures en hauteur	☐	☐
Faire la poussière des cadres	☐	☐
Nettoyer l'intérieur du réfrigérateur	☐	☐
Nettoyer l'intérieur du congélateur	☐	☐
Nettoyer les interrupteurs	☐	☐
Nettoyer le lave-linge	☐	☐
	☐	☐
	☐	☐
	☐	☐
	☐	☐

Bureau

	Prévu	Fait
Nettoyer écran et clavier de l'ordinateur	☐	☐
Classer et ranger les papiers	☐	☐
Sauvegarder l'ordinateur	☐	☐
	☐	☐

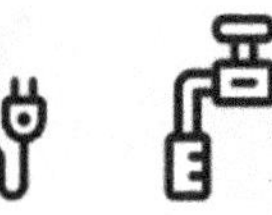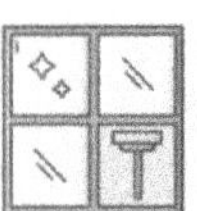

Semaine du …................. Au …........................

Entretien Courant

	Prévu	Fait
Nettoyer le filtre de la hotte aspirante de la cuisine	☐	☐
Nettoyer les dépots calcaires des robinets	☐	☐
Nettoyer les dépots calcaires des pommes de douches	☐	☐
Nettoyer la cuvette des toilettes	☐	☐
Nettoyer les cadres intérieurs des fenêtres	☐	☐
Nettoyer les cadres des portes	☐	☐
Nettoyer en profondeur les appareils électro-ménager	☐	☐
Nettoyer à fond les sols	☐	☐
Nettoyer les grilles de la VMC	☐	☐
Faire la poussière sur les moulures en hauteur	☐	☐
Faire la poussière des cadres	☐	☐
Nettoyer l'intérieur du réfrigérateur	☐	☐
Nettoyer l'intérieur du congélateur	☐	☐
Nettoyer les interrupteurs	☐	☐
Nettoyer le lave-linge	☐	☐
	☐	☐
	☐	☐
	☐	☐
	☐	☐

Bureau

	Prévu	Fait
Nettoyer écran et clavier de l'ordinateur	☐	☐
Classer et ranger les papiers	☐	☐
Sauvegarder l'ordinateur	☐	☐
	☐	☐

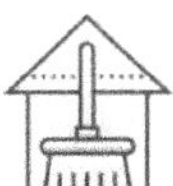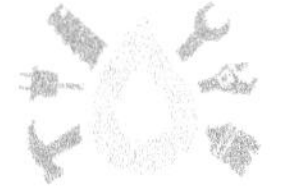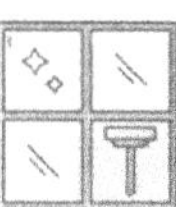

Semaine du …................... Au …........................

Entretien Courant

	Prévu	Fait
Nettoyer le filtre de la hotte aspirante de la cuisine	☐	☐
Nettoyer les dépots calcaires des robinets	☐	☐
Nettoyer les dépots calcaires des pommes de douches	☐	☐
Nettoyer la cuvette des toilettes	☐	☐
Nettoyer les cadres intérieurs des fenêtres	☐	☐
Nettoyer les cadres des portes	☐	☐
Nettoyer en profondeur les appareils électro-ménager	☐	☐
Nettoyer à fond les sols	☐	☐
Nettoyer les grilles de la VMC	☐	☐
Faire la poussière sur les moulures en hauteur	☐	☐
Faire la poussière des cadres	☐	☐
Nettoyer l'intérieur du réfrigérateur	☐	☐
Nettoyer l'intérieur du congélateur	☐	☐
Nettoyer les interrupteurs	☐	☐
Nettoyer le lave-linge	☐	☐
	☐	☐
	☐	☐
	☐	☐
	☐	☐

Bureau

	Prévu	Fait
Nettoyer écran et clavier de l'ordinateur	☐	☐
Classer et ranger les papiers	☐	☐
Sauvegarder l'ordinateur	☐	☐
	☐	☐

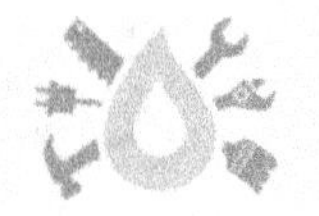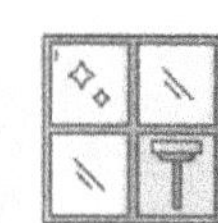

Semaine du …................. Au …......................

Entretien Courant

	Prévu	Fait
Nettoyer le filtre de la hotte aspirante de la cuisine	☐	☐
Nettoyer les dépots calcaires des robinets	☐	☐
Nettoyer les dépots calcaires des pommes de douches	☐	☐
Nettoyer la cuvette des toilettes	☐	☐
Nettoyer les cadres intérieurs des fenêtres	☐	☐
Nettoyer les cadres des portes	☐	☐
Nettoyer en profondeur les appareils électro-ménager	☐	☐
Nettoyer à fond les sols	☐	☐
Nettoyer les grilles de la VMC	☐	☐
Faire la poussière sur les moulures en hauteur	☐	☐
Faire la poussière des cadres	☐	☐
Nettoyer l'intérieur du réfrigérateur	☐	☐
Nettoyer l'intérieur du congélateur	☐	☐
Nettoyer les interrupteurs	☐	☐
Nettoyer le lave-linge	☐	☐
	☐	☐
	☐	☐
	☐	☐
	☐	☐

Bureau

	Prévu	Fait
Nettoyer écran et clavier de l'ordinateur	☐	☐
Classer et ranger les papiers	☐	☐
Sauvegarder l'ordinateur	☐	☐
	☐	☐

     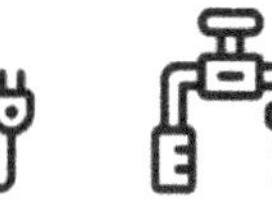 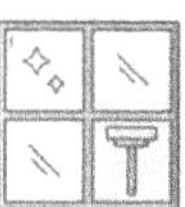

Semaine du …................... Au …........................

Entretien Courant

	Prévu	Fait
Nettoyer le filtre de la hotte aspirante de la cuisine	☐	☐
Nettoyer les dépots calcaires des robinets	☐	☐
Nettoyer les dépots calcaires des pommes de douches	☐	☐
Nettoyer la cuvette des toilettes	☐	☐
Nettoyer les cadres intérieurs des fenêtres	☐	☐
Nettoyer les cadres des portes	☐	☐
Nettoyer en profondeur les appareils électro-ménager	☐	☐
Nettoyer à fond les sols	☐	☐
Nettoyer les grilles de la VMC	☐	☐
Faire la poussière sur les moulures en hauteur	☐	☐
Faire la poussière des cadres	☐	☐
Nettoyer l'intérieur du réfrigérateur	☐	☐
Nettoyer l'intérieur du congélateur	☐	☐
Nettoyer les interrupteurs	☐	☐
Nettoyer le lave-linge	☐	☐
	☐	☐
	☐	☐
	☐	☐
	☐	☐

Bureau

	Prévu	Fait
Nettoyer écran et clavier de l'ordinateur	☐	☐
Classer et ranger les papiers	☐	☐
Sauvegarder l'ordinateur	☐	☐
	☐	☐

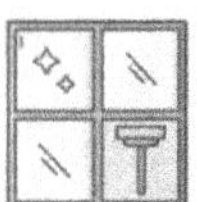

Semaine du …................... Au …........................

Entretien Courant

	Prévu	Fait
Nettoyer le filtre de la hotte aspirante de la cuisine	☐	☐
Nettoyer les dépots calcaires des robinets	☐	☐
Nettoyer les dépots calcaires des pommes de douches	☐	☐
Nettoyer la cuvette des toilettes	☐	☐
Nettoyer les cadres intérieurs des fenêtres	☐	☐
Nettoyer les cadres des portes	☐	☐
Nettoyer en profondeur les appareils électro-ménager	☐	☐
Nettoyer à fond les sols	☐	☐
Nettoyer les grilles de la VMC	☐	☐
Faire la poussière sur les moulures en hauteur	☐	☐
Faire la poussière des cadres	☐	☐
Nettoyer l'intérieur du réfrigérateur	☐	☐
Nettoyer l'intérieur du congélateur	☐	☐
Nettoyer les interrupteurs	☐	☐
Nettoyer le lave-linge	☐	☐
	☐	☐
	☐	☐
	☐	☐
	☐	☐

Bureau

	Prévu	Fait
Nettoyer écran et clavier de l'ordinateur	☐	☐
Classer et ranger les papiers	☐	☐
Sauvegarder l'ordinateur	☐	☐
	☐	☐

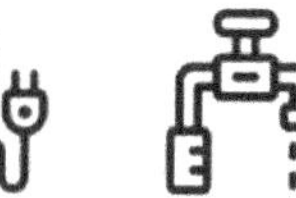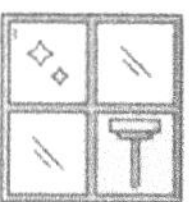

Semaine du …................... Au …........................

Entretien Courant

	Prévu	Fait
Nettoyer le filtre de la hotte aspirante de la cuisine	☐	☐
Nettoyer les dépots calcaires des robinets	☐	☐
Nettoyer les dépots calcaires des pommes de douches	☐	☐
Nettoyer la cuvette des toilettes	☐	☐
Nettoyer les cadres intérieurs des fenêtres	☐	☐
Nettoyer les cadres des portes	☐	☐
Nettoyer en profondeur les appareils électro-ménager	☐	☐
Nettoyer à fond les sols	☐	☐
Nettoyer les grilles de la VMC	☐	☐
Faire la poussière sur les moulures en hauteur	☐	☐
Faire la poussière des cadres	☐	☐
Nettoyer l'intérieur du réfrigérateur	☐	☐
Nettoyer l'intérieur du congélateur	☐	☐
Nettoyer les interrupteurs	☐	☐
Nettoyer le lave-linge	☐	☐
	☐	☐
	☐	☐
	☐	☐
	☐	☐

Bureau

	Prévu	Fait
Nettoyer écran et clavier de l'ordinateur	☐	☐
Classer et ranger les papiers	☐	☐
Sauvegarder l'ordinateur	☐	☐
	☐	☐

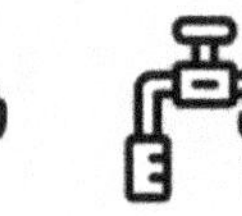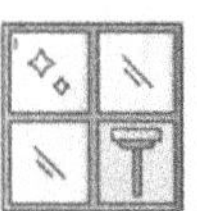

Semaine du …................... Au …........................

Entretien Courant

	Prévu	Fait
Nettoyer le filtre de la hotte aspirante de la cuisine	☐	☐
Nettoyer les dépots calcaires des robinets	☐	☐
Nettoyer les dépots calcaires des pommes de douches	☐	☐
Nettoyer la cuvette des toilettes	☐	☐
Nettoyer les cadres intérieurs des fenêtres	☐	☐
Nettoyer les cadres des portes	☐	☐
Nettoyer en profondeur les appareils électro-ménager	☐	☐
Nettoyer à fond les sols	☐	☐
Nettoyer les grilles de la VMC	☐	☐
Faire la poussière sur les moulures en hauteur	☐	☐
Faire la poussière des cadres	☐	☐
Nettoyer l'intérieur du réfrigérateur	☐	☐
Nettoyer l'intérieur du congélateur	☐	☐
Nettoyer les interrupteurs	☐	☐
Nettoyer le lave-linge	☐	☐
	☐	☐
	☐	☐
	☐	☐
	☐	☐

Bureau

	Prévu	Fait
Nettoyer écran et clavier de l'ordinateur	☐	☐
Classer et ranger les papiers	☐	☐
Sauvegarder l'ordinateur	☐	☐
	☐	☐

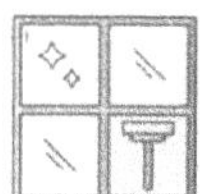

Semaine du …................... Au ….......................

Entretien Courant

	Prévu	Fait
Nettoyer le filtre de la hotte aspirante de la cuisine	☐	☐
Nettoyer les dépots calcaires des robinets	☐	☐
Nettoyer les dépots calcaires des pommes de douches	☐	☐
Nettoyer la cuvette des toilettes	☐	☐
Nettoyer les cadres intérieurs des fenêtres	☐	☐
Nettoyer les cadres des portes	☐	☐
Nettoyer en profondeur les appareils électro-ménager	☐	☐
Nettoyer à fond les sols	☐	☐
Nettoyer les grilles de la VMC	☐	☐
Faire la poussière sur les moulures en hauteur	☐	☐
Faire la poussière des cadres	☐	☐
Nettoyer l'intérieur du réfrigérateur	☐	☐
Nettoyer l'intérieur du congélateur	☐	☐
Nettoyer les interrupteurs	☐	☐
Nettoyer le lave-linge	☐	☐
	☐	☐
	☐	☐
	☐	☐
	☐	☐

Bureau

	Prévu	Fait
Nettoyer écran et clavier de l'ordinateur	☐	☐
Classer et ranger les papiers	☐	☐
Sauvegarder l'ordinateur	☐	☐
	☐	☐

     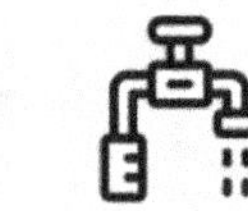 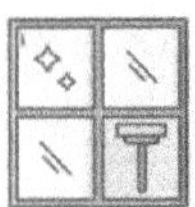

Semaine du …................. Au …......................

Entretien Courant

	Prévu	Fait
Nettoyer le filtre de la hotte aspirante de la cuisine	☐	☐
Nettoyer les dépots calcaires des robinets	☐	☐
Nettoyer les dépots calcaires des pommes de douches	☐	☐
Nettoyer la cuvette des toilettes	☐	☐
Nettoyer les cadres intérieurs des fenêtres	☐	☐
Nettoyer les cadres des portes	☐	☐
Nettoyer en profondeur les appareils électro-ménager	☐	☐
Nettoyer à fond les sols	☐	☐
Nettoyer les grilles de la VMC	☐	☐
Faire la poussière sur les moulures en hauteur	☐	☐
Faire la poussière des cadres	☐	☐
Nettoyer l'intérieur du réfrigérateur	☐	☐
Nettoyer l'intérieur du congélateur	☐	☐
Nettoyer les interrupteurs	☐	☐
Nettoyer le lave-linge	☐	☐
	☐	☐
	☐	☐
	☐	☐
	☐	☐

Bureau

	Prévu	Fait
Nettoyer écran et clavier de l'ordinateur	☐	☐
Classer et ranger les papiers	☐	☐
Sauvegarder l'ordinateur	☐	☐
	☐	☐

     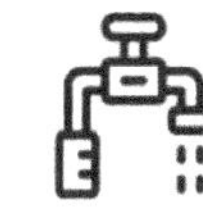 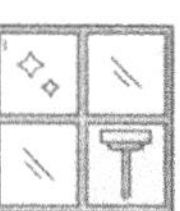

Semaine du ….................... Au ….........................

Entretien Courant

	Prévu	Fait
Nettoyer le filtre de la hotte aspirante de la cuisine	☐	☐
Nettoyer les dépots calcaires des robinets	☐	☐
Nettoyer les dépots calcaires des pommes de douches	☐	☐
Nettoyer la cuvette des toilettes	☐	☐
Nettoyer les cadres intérieurs des fenêtres	☐	☐
Nettoyer les cadres des portes	☐	☐
Nettoyer en profondeur les appareils électro-ménager	☐	☐
Nettoyer à fond les sols	☐	☐
Nettoyer les grilles de la VMC	☐	☐
Faire la poussière sur les moulures en hauteur	☐	☐
Faire la poussière des cadres	☐	☐
Nettoyer l'intérieur du réfrigérateur	☐	☐
Nettoyer l'intérieur du congélateur	☐	☐
Nettoyer les interrupteurs	☐	☐
Nettoyer le lave-linge	☐	☐
	☐	☐
	☐	☐
	☐	☐
	☐	☐

Bureau

	Prévu	Fait
Nettoyer écran et clavier de l'ordinateur	☐	☐
Classer et ranger les papiers	☐	☐
Sauvegarder l'ordinateur	☐	☐
	☐	☐

      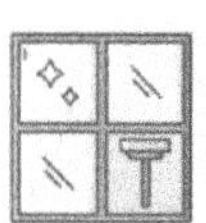

Semaine du …................. Au …......................

Entretien Courant

	Prévu	Fait
Nettoyer le filtre de la hotte aspirante de la cuisine	☐	☐
Nettoyer les dépots calcaires des robinets	☐	☐
Nettoyer les dépots calcaires des pommes de douches	☐	☐
Nettoyer la cuvette des toilettes	☐	☐
Nettoyer les cadres intérieurs des fenêtres	☐	☐
Nettoyer les cadres des portes	☐	☐
Nettoyer en profondeur les appareils électro-ménager	☐	☐
Nettoyer à fond les sols	☐	☐
Nettoyer les grilles de la VMC	☐	☐
Faire la poussière sur les moulures en hauteur	☐	☐
Faire la poussière des cadres	☐	☐
Nettoyer l'intérieur du réfrigérateur	☐	☐
Nettoyer l'intérieur du congélateur	☐	☐
Nettoyer les interrupteurs	☐	☐
Nettoyer le lave-linge	☐	☐
	☐	☐
	☐	☐
	☐	☐
	☐	☐

Bureau

	Prévu	Fait
Nettoyer écran et clavier de l'ordinateur	☐	☐
Classer et ranger les papiers	☐	☐
Sauvegarder l'ordinateur	☐	☐
	☐	☐

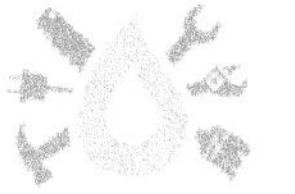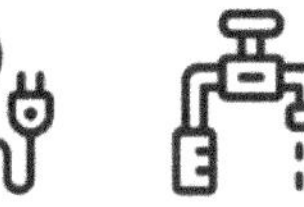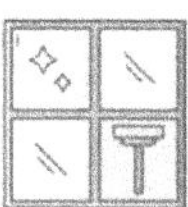

Semaine du …................... Au …........................

Entretien Courant

	Prévu	Fait
Nettoyer le filtre de la hotte aspirante de la cuisine	☐	☐
Nettoyer les dépots calcaires des robinets	☐	☐
Nettoyer les dépots calcaires des pommes de douches	☐	☐
Nettoyer la cuvette des toilettes	☐	☐
Nettoyer les cadres intérieurs des fenêtres	☐	☐
Nettoyer les cadres des portes	☐	☐
Nettoyer en profondeur les appareils électro-ménager	☐	☐
Nettoyer à fond les sols	☐	☐
Nettoyer les grilles de la VMC	☐	☐
Faire la poussière sur les moulures en hauteur	☐	☐
Faire la poussière des cadres	☐	☐
Nettoyer l'intérieur du réfrigérateur	☐	☐
Nettoyer l'intérieur du congélateur	☐	☐
Nettoyer les interrupteurs	☐	☐
Nettoyer le lave-linge	☐	☐
	☐	☐
	☐	☐
	☐	☐
	☐	☐

Bureau

	Prévu	Fait
Nettoyer écran et clavier de l'ordinateur	☐	☐
Classer et ranger les papiers	☐	☐
Sauvegarder l'ordinateur	☐	☐
	☐	☐

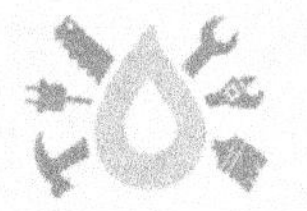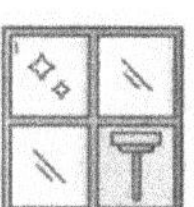

Semaine du …................... Au …........................

Entretien Courant

	Prévu	Fait
Nettoyer le filtre de la hotte aspirante de la cuisine	☐	☐
Nettoyer les dépots calcaires des robinets	☐	☐
Nettoyer les dépots calcaires des pommes de douches	☐	☐
Nettoyer la cuvette des toilettes	☐	☐
Nettoyer les cadres intérieurs des fenêtres	☐	☐
Nettoyer les cadres des portes	☐	☐
Nettoyer en profondeur les appareils électro-ménager	☐	☐
Nettoyer à fond les sols	☐	☐
Nettoyer les grilles de la VMC	☐	☐
Faire la poussière sur les moulures en hauteur	☐	☐
Faire la poussière des cadres	☐	☐
Nettoyer l'intérieur du réfrigérateur	☐	☐
Nettoyer l'intérieur du congélateur	☐	☐
Nettoyer les interrupteurs	☐	☐
Nettoyer le lave-linge	☐	☐
	☐	☐
	☐	☐
	☐	☐
	☐	☐

Bureau

	Prévu	Fait
Nettoyer écran et clavier de l'ordinateur	☐	☐
Classer et ranger les papiers	☐	☐
Sauvegarder l'ordinateur	☐	☐
	☐	☐

    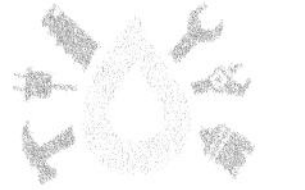 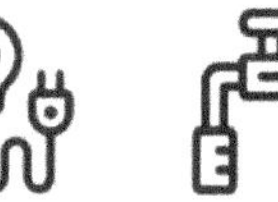 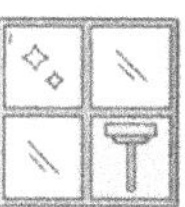

Semaine du …................... Au …........................

Entretien Courant

	Prévu	Fait
Nettoyer le filtre de la hotte aspirante de la cuisine	☐	☐
Nettoyer les dépots calcaires des robinets	☐	☐
Nettoyer les dépots calcaires des pommes de douches	☐	☐
Nettoyer la cuvette des toilettes	☐	☐
Nettoyer les cadres intérieurs des fenêtres	☐	☐
Nettoyer les cadres des portes	☐	☐
Nettoyer en profondeur les appareils électro-ménager	☐	☐
Nettoyer à fond les sols	☐	☐
Nettoyer les grilles de la VMC	☐	☐
Faire la poussière sur les moulures en hauteur	☐	☐
Faire la poussière des cadres	☐	☐
Nettoyer l'intérieur du réfrigérateur	☐	☐
Nettoyer l'intérieur du congélateur	☐	☐
Nettoyer les interrupteurs	☐	☐
Nettoyer le lave-linge	☐	☐
	☐	☐
	☐	☐
	☐	☐
	☐	☐

Bureau

	Prévu	Fait
Nettoyer écran et clavier de l'ordinateur	☐	☐
Classer et ranger les papiers	☐	☐
Sauvegarder l'ordinateur	☐	☐
	☐	☐

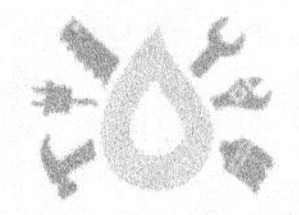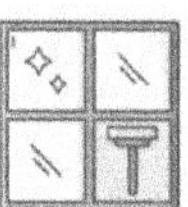

Semaine du …................... Au …......................

Entretien Courant

	Prévu	Fait
Nettoyer le filtre de la hotte aspirante de la cuisine	☐	☐
Nettoyer les dépots calcaires des robinets	☐	☐
Nettoyer les dépots calcaires des pommes de douches	☐	☐
Nettoyer la cuvette des toilettes	☐	☐
Nettoyer les cadres intérieurs des fenêtres	☐	☐
Nettoyer les cadres des portes	☐	☐
Nettoyer en profondeur les appareils électro-ménager	☐	☐
Nettoyer à fond les sols	☐	☐
Nettoyer les grilles de la VMC	☐	☐
Faire la poussière sur les moulures en hauteur	☐	☐
Faire la poussière des cadres	☐	☐
Nettoyer l'intérieur du réfrigérateur	☐	☐
Nettoyer l'intérieur du congélateur	☐	☐
Nettoyer les interrupteurs	☐	☐
Nettoyer le lave-linge	☐	☐
	☐	☐
	☐	☐
	☐	☐
	☐	☐

Bureau

	Prévu	Fait
Nettoyer écran et clavier de l'ordinateur	☐	☐
Classer et ranger les papiers	☐	☐
Sauvegarder l'ordinateur	☐	☐
	☐	☐

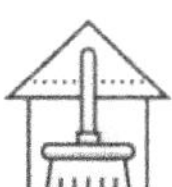     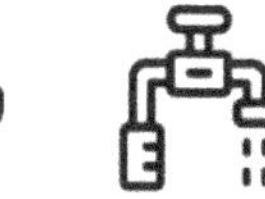 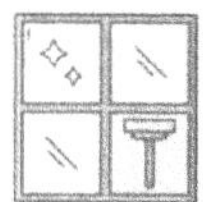

Semaine du …................... Au …......................

Entretien Courant

	Prévu	Fait
Nettoyer le filtre de la hotte aspirante de la cuisine	☐	☐
Nettoyer les dépots calcaires des robinets	☐	☐
Nettoyer les dépots calcaires des pommes de douches	☐	☐
Nettoyer la cuvette des toilettes	☐	☐
Nettoyer les cadres intérieurs des fenêtres	☐	☐
Nettoyer les cadres des portes	☐	☐
Nettoyer en profondeur les appareils électro-ménager	☐	☐
Nettoyer à fond les sols	☐	☐
Nettoyer les grilles de la VMC	☐	☐
Faire la poussière sur les moulures en hauteur	☐	☐
Faire la poussière des cadres	☐	☐
Nettoyer l'intérieur du réfrigérateur	☐	☐
Nettoyer l'intérieur du congélateur	☐	☐
Nettoyer les interrupteurs	☐	☐
Nettoyer le lave-linge	☐	☐
	☐	☐
	☐	☐
	☐	☐
	☐	☐

Bureau

	Prévu	Fait
Nettoyer écran et clavier de l'ordinateur	☐	☐
Classer et ranger les papiers	☐	☐
Sauvegarder l'ordinateur	☐	☐
	☐	☐

      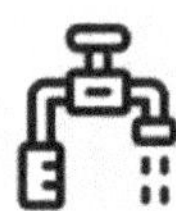 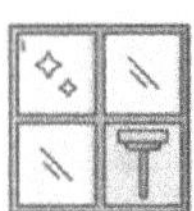

Semaine du …................... Au …........................

Entretien Courant

	Prévu	Fait
Nettoyer le filtre de la hotte aspirante de la cuisine	☐	☐
Nettoyer les dépots calcaires des robinets	☐	☐
Nettoyer les dépots calcaires des pommes de douches	☐	☐
Nettoyer la cuvette des toilettes	☐	☐
Nettoyer les cadres intérieurs des fenêtres	☐	☐
Nettoyer les cadres des portes	☐	☐
Nettoyer en profondeur les appareils électro-ménager	☐	☐
Nettoyer à fond les sols	☐	☐
Nettoyer les grilles de la VMC	☐	☐
Faire la poussière sur les moulures en hauteur	☐	☐
Faire la poussière des cadres	☐	☐
Nettoyer l'intérieur du réfrigérateur	☐	☐
Nettoyer l'intérieur du congélateur	☐	☐
Nettoyer les interrupteurs	☐	☐
Nettoyer le lave-linge	☐	☐
	☐	☐
	☐	☐
	☐	☐
	☐	☐

Bureau

	Prévu	Fait
Nettoyer écran et clavier de l'ordinateur	☐	☐
Classer et ranger les papiers	☐	☐
Sauvegarder l'ordinateur	☐	☐
	☐	☐

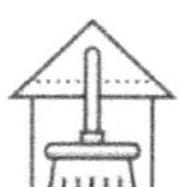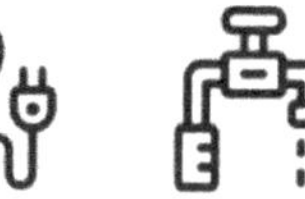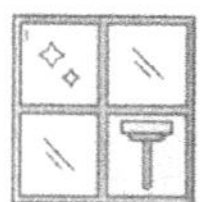

Semaine du …................... Au …........................

Entretien Courant

	Prévu	Fait
Nettoyer le filtre de la hotte aspirante de la cuisine	☐	☐
Nettoyer les dépots calcaires des robinets	☐	☐
Nettoyer les dépots calcaires des pommes de douches	☐	☐
Nettoyer la cuvette des toilettes	☐	☐
Nettoyer les cadres intérieurs des fenêtres	☐	☐
Nettoyer les cadres des portes	☐	☐
Nettoyer en profondeur les appareils électro-ménager	☐	☐
Nettoyer à fond les sols	☐	☐
Nettoyer les grilles de la VMC	☐	☐
Faire la poussière sur les moulures en hauteur	☐	☐
Faire la poussière des cadres	☐	☐
Nettoyer l'intérieur du réfrigérateur	☐	☐
Nettoyer l'intérieur du congélateur	☐	☐
Nettoyer les interrupteurs	☐	☐
Nettoyer le lave-linge	☐	☐
	☐	☐
	☐	☐
	☐	☐
	☐	☐

Bureau

	Prévu	Fait
Nettoyer écran et clavier de l'ordinateur	☐	☐
Classer et ranger les papiers	☐	☐
Sauvegarder l'ordinateur	☐	☐
	☐	☐

     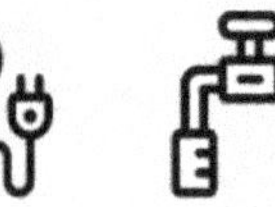 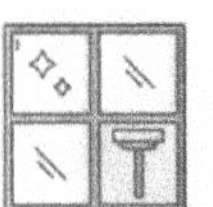

Semaine du …................. Au …........................

Entretien Courant

	Prévu	Fait
Nettoyer le filtre de la hotte aspirante de la cuisine	☐	☐
Nettoyer les dépots calcaires des robinets	☐	☐
Nettoyer les dépots calcaires des pommes de douches	☐	☐
Nettoyer la cuvette des toilettes	☐	☐
Nettoyer les cadres intérieurs des fenêtres	☐	☐
Nettoyer les cadres des portes	☐	☐
Nettoyer en profondeur les appareils électro-ménager	☐	☐
Nettoyer à fond les sols	☐	☐
Nettoyer les grilles de la VMC	☐	☐
Faire la poussière sur les moulures en hauteur	☐	☐
Faire la poussière des cadres	☐	☐
Nettoyer l'intérieur du réfrigérateur	☐	☐
Nettoyer l'intérieur du congélateur	☐	☐
Nettoyer les interrupteurs	☐	☐
Nettoyer le lave-linge	☐	☐
	☐	☐
	☐	☐
	☐	☐
	☐	☐

Bureau

	Prévu	Fait
Nettoyer écran et clavier de l'ordinateur	☐	☐
Classer et ranger les papiers	☐	☐
Sauvegarder l'ordinateur	☐	☐
	☐	☐

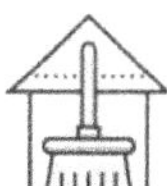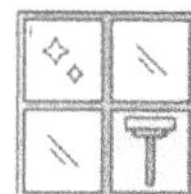

Semaine du ….................. Au …........................

Entretien Courant

	Prévu	Fait
Nettoyer le filtre de la hotte aspirante de la cuisine	☐	☐
Nettoyer les dépots calcaires des robinets	☐	☐
Nettoyer les dépots calcaires des pommes de douches	☐	☐
Nettoyer la cuvette des toilettes	☐	☐
Nettoyer les cadres intérieurs des fenêtres	☐	☐
Nettoyer les cadres des portes	☐	☐
Nettoyer en profondeur les appareils électro-ménager	☐	☐
Nettoyer à fond les sols	☐	☐
Nettoyer les grilles de la VMC	☐	☐
Faire la poussière sur les moulures en hauteur	☐	☐
Faire la poussière des cadres	☐	☐
Nettoyer l'intérieur du réfrigérateur	☐	☐
Nettoyer l'intérieur du congélateur	☐	☐
Nettoyer les interrupteurs	☐	☐
Nettoyer le lave-linge	☐	☐
	☐	☐
	☐	☐
	☐	☐
	☐	☐

Bureau

	Prévu	Fait
Nettoyer écran et clavier de l'ordinateur	☐	☐
Classer et ranger les papiers	☐	☐
Sauvegarder l'ordinateur	☐	☐
	☐	☐

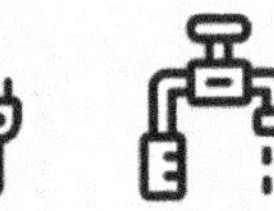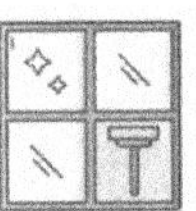

Semaine du …................... Au …........................

Entretien Courant

	Prévu	Fait
Nettoyer le filtre de la hotte aspirante de la cuisine	☐	☐
Nettoyer les dépots calcaires des robinets	☐	☐
Nettoyer les dépots calcaires des pommes de douches	☐	☐
Nettoyer la cuvette des toilettes	☐	☐
Nettoyer les cadres intérieurs des fenêtres	☐	☐
Nettoyer les cadres des portes	☐	☐
Nettoyer en profondeur les appareils électro-ménager	☐	☐
Nettoyer à fond les sols	☐	☐
Nettoyer les grilles de la VMC	☐	☐
Faire la poussière sur les moulures en hauteur	☐	☐
Faire la poussière des cadres	☐	☐
Nettoyer l'intérieur du réfrigérateur	☐	☐
Nettoyer l'intérieur du congélateur	☐	☐
Nettoyer les interrupteurs	☐	☐
Nettoyer le lave-linge	☐	☐
	☐	☐
	☐	☐
	☐	☐
	☐	☐

Bureau

	Prévu	Fait
Nettoyer écran et clavier de l'ordinateur	☐	☐
Classer et ranger les papiers	☐	☐
Sauvegarder l'ordinateur	☐	☐
	☐	☐

    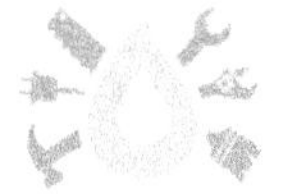 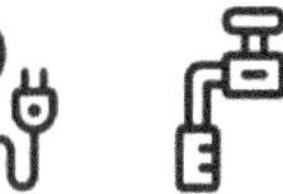 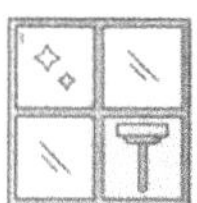

Semaine du …................... Au …......................

Entretien Courant

	Prévu	Fait
Nettoyer le filtre de la hotte aspirante de la cuisine	☐	☐
Nettoyer les dépots calcaires des robinets	☐	☐
Nettoyer les dépots calcaires des pommes de douches	☐	☐
Nettoyer la cuvette des toilettes	☐	☐
Nettoyer les cadres intérieurs des fenêtres	☐	☐
Nettoyer les cadres des portes	☐	☐
Nettoyer en profondeur les appareils électro-ménager	☐	☐
Nettoyer à fond les sols	☐	☐
Nettoyer les grilles de la VMC	☐	☐
Faire la poussière sur les moulures en hauteur	☐	☐
Faire la poussière des cadres	☐	☐
Nettoyer l'intérieur du réfrigérateur	☐	☐
Nettoyer l'intérieur du congélateur	☐	☐
Nettoyer les interrupteurs	☐	☐
Nettoyer le lave-linge	☐	☐
	☐	☐
	☐	☐
	☐	☐
	☐	☐

Bureau

	Prévu	Fait
Nettoyer écran et clavier de l'ordinateur	☐	☐
Classer et ranger les papiers	☐	☐
Sauvegarder l'ordinateur	☐	☐
	☐	☐

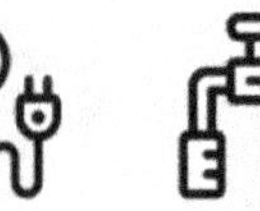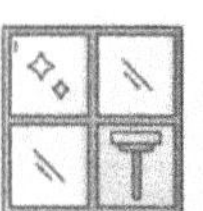

Semaine du …................... Au …........................

Entretien Courant

	Prévu	Fait
Nettoyer le filtre de la hotte aspirante de la cuisine	☐	☐
Nettoyer les dépots calcaires des robinets	☐	☐
Nettoyer les dépots calcaires des pommes de douches	☐	☐
Nettoyer la cuvette des toilettes	☐	☐
Nettoyer les cadres intérieurs des fenêtres	☐	☐
Nettoyer les cadres des portes	☐	☐
Nettoyer en profondeur les appareils électro-ménager	☐	☐
Nettoyer à fond les sols	☐	☐
Nettoyer les grilles de la VMC	☐	☐
Faire la poussière sur les moulures en hauteur	☐	☐
Faire la poussière des cadres	☐	☐
Nettoyer l'intérieur du réfrigérateur	☐	☐
Nettoyer l'intérieur du congélateur	☐	☐
Nettoyer les interrupteurs	☐	☐
Nettoyer le lave-linge	☐	☐
	☐	☐
	☐	☐
	☐	☐
	☐	☐

Bureau

	Prévu	Fait
Nettoyer écran et clavier de l'ordinateur	☐	☐
Classer et ranger les papiers	☐	☐
Sauvegarder l'ordinateur	☐	☐
	☐	☐

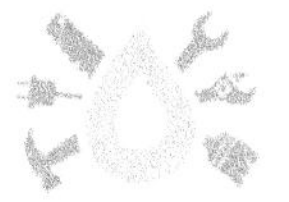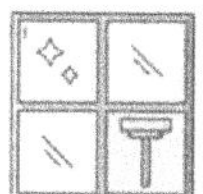

Semaine du …................... Au …........................

Entretien Courant

	Prévu	Fait
Nettoyer le filtre de la hotte aspirante de la cuisine	☐	☐
Nettoyer les dépots calcaires des robinets	☐	☐
Nettoyer les dépots calcaires des pommes de douches	☐	☐
Nettoyer la cuvette des toilettes	☐	☐
Nettoyer les cadres intérieurs des fenêtres	☐	☐
Nettoyer les cadres des portes	☐	☐
Nettoyer en profondeur les appareils électro-ménager	☐	☐
Nettoyer à fond les sols	☐	☐
Nettoyer les grilles de la VMC	☐	☐
Faire la poussière sur les moulures en hauteur	☐	☐
Faire la poussière des cadres	☐	☐
Nettoyer l'intérieur du réfrigérateur	☐	☐
Nettoyer l'intérieur du congélateur	☐	☐
Nettoyer les interrupteurs	☐	☐
Nettoyer le lave-linge	☐	☐
	☐	☐
	☐	☐
	☐	☐
	☐	☐

Bureau

	Prévu	Fait
Nettoyer écran et clavier de l'ordinateur	☐	☐
Classer et ranger les papiers	☐	☐
Sauvegarder l'ordinateur	☐	☐
	☐	☐

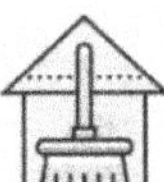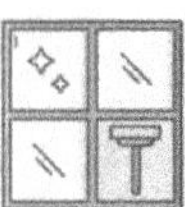

Semaine du …................... Au …......................

Entretien Courant

	Prévu	Fait
Nettoyer le filtre de la hotte aspirante de la cuisine	☐	☐
Nettoyer les dépots calcaires des robinets	☐	☐
Nettoyer les dépots calcaires des pommes de douches	☐	☐
Nettoyer la cuvette des toilettes	☐	☐
Nettoyer les cadres intérieurs des fenêtres	☐	☐
Nettoyer les cadres des portes	☐	☐
Nettoyer en profondeur les appareils électro-ménager	☐	☐
Nettoyer à fond les sols	☐	☐
Nettoyer les grilles de la VMC	☐	☐
Faire la poussière sur les moulures en hauteur	☐	☐
Faire la poussière des cadres	☐	☐
Nettoyer l'intérieur du réfrigérateur	☐	☐
Nettoyer l'intérieur du congélateur	☐	☐
Nettoyer les interrupteurs	☐	☐
Nettoyer le lave-linge	☐	☐
	☐	☐
	☐	☐
	☐	☐
	☐	☐

Bureau

	Prévu	Fait
Nettoyer écran et clavier de l'ordinateur	☐	☐
Classer et ranger les papiers	☐	☐
Sauvegarder l'ordinateur	☐	☐
	☐	☐

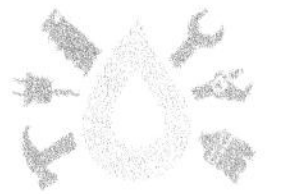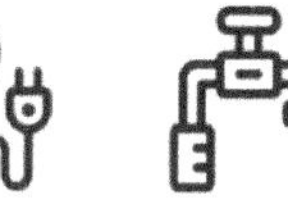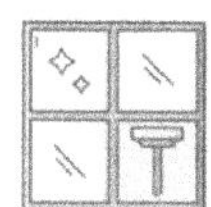

Semaine du …................... Au …........................

Entretien Courant

	Prévu	Fait
Nettoyer le filtre de la hotte aspirante de la cuisine	☐	☐
Nettoyer les dépots calcaires des robinets	☐	☐
Nettoyer les dépots calcaires des pommes de douches	☐	☐
Nettoyer la cuvette des toilettes	☐	☐
Nettoyer les cadres intérieurs des fenêtres	☐	☐
Nettoyer les cadres des portes	☐	☐
Nettoyer en profondeur les appareils électro-ménager	☐	☐
Nettoyer à fond les sols	☐	☐
Nettoyer les grilles de la VMC	☐	☐
Faire la poussière sur les moulures en hauteur	☐	☐
Faire la poussière des cadres	☐	☐
Nettoyer l'intérieur du réfrigérateur	☐	☐
Nettoyer l'intérieur du congélateur	☐	☐
Nettoyer les interrupteurs	☐	☐
Nettoyer le lave-linge	☐	☐
	☐	☐
	☐	☐
	☐	☐
	☐	☐

Bureau

	Prévu	Fait
Nettoyer écran et clavier de l'ordinateur	☐	☐
Classer et ranger les papiers	☐	☐
Sauvegarder l'ordinateur	☐	☐
	☐	☐

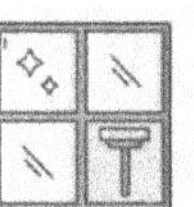

Semaine du …................... Au …........................

Entretien Courant

	Prévu	Fait
Nettoyer le filtre de la hotte aspirante de la cuisine	☐	☐
Nettoyer les dépots calcaires des robinets	☐	☐
Nettoyer les dépots calcaires des pommes de douches	☐	☐
Nettoyer la cuvette des toilettes	☐	☐
Nettoyer les cadres intérieurs des fenêtres	☐	☐
Nettoyer les cadres des portes	☐	☐
Nettoyer en profondeur les appareils électro-ménager	☐	☐
Nettoyer à fond les sols	☐	☐
Nettoyer les grilles de la VMC	☐	☐
Faire la poussière sur les moulures en hauteur	☐	☐
Faire la poussière des cadres	☐	☐
Nettoyer l'intérieur du réfrigérateur	☐	☐
Nettoyer l'intérieur du congélateur	☐	☐
Nettoyer les interrupteurs	☐	☐
Nettoyer le lave-linge	☐	☐
	☐	☐
	☐	☐
	☐	☐
	☐	☐

Bureau

	Prévu	Fait
Nettoyer écran et clavier de l'ordinateur	☐	☐
Classer et ranger les papiers	☐	☐
Sauvegarder l'ordinateur	☐	☐
	☐	☐

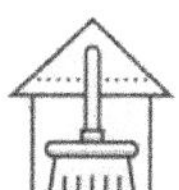    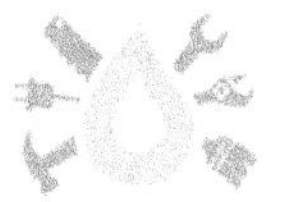   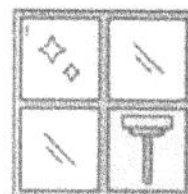

Semaine du …................. Au …......................

Entretien Courant

	Prévu	Fait
Nettoyer le filtre de la hotte aspirante de la cuisine	☐	☐
Nettoyer les dépots calcaires des robinets	☐	☐
Nettoyer les dépots calcaires des pommes de douches	☐	☐
Nettoyer la cuvette des toilettes	☐	☐
Nettoyer les cadres intérieurs des fenêtres	☐	☐
Nettoyer les cadres des portes	☐	☐
Nettoyer en profondeur les appareils électro-ménager	☐	☐
Nettoyer à fond les sols	☐	☐
Nettoyer les grilles de la VMC	☐	☐
Faire la poussière sur les moulures en hauteur	☐	☐
Faire la poussière des cadres	☐	☐
Nettoyer l'intérieur du réfrigérateur	☐	☐
Nettoyer l'intérieur du congélateur	☐	☐
Nettoyer les interrupteurs	☐	☐
Nettoyer le lave-linge	☐	☐
	☐	☐
	☐	☐
	☐	☐
	☐	☐

Bureau

	Prévu	Fait
Nettoyer écran et clavier de l'ordinateur	☐	☐
Classer et ranger les papiers	☐	☐
Sauvegarder l'ordinateur	☐	☐
	☐	☐

     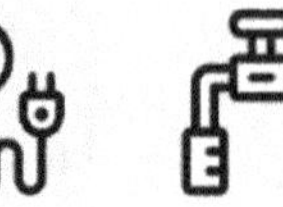 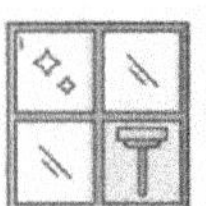

Semaine du …................. Au …..........................

Entretien Courant

	Prévu	Fait
Nettoyer le filtre de la hotte aspirante de la cuisine	☐	☐
Nettoyer les dépots calcaires des robinets	☐	☐
Nettoyer les dépots calcaires des pommes de douches	☐	☐
Nettoyer la cuvette des toilettes	☐	☐
Nettoyer les cadres intérieurs des fenêtres	☐	☐
Nettoyer les cadres des portes	☐	☐
Nettoyer en profondeur les appareils électro-ménager	☐	☐
Nettoyer à fond les sols	☐	☐
Nettoyer les grilles de la VMC	☐	☐
Faire la poussière sur les moulures en hauteur	☐	☐
Faire la poussière des cadres	☐	☐
Nettoyer l'intérieur du réfrigérateur	☐	☐
Nettoyer l'intérieur du congélateur	☐	☐
Nettoyer les interrupteurs	☐	☐
Nettoyer le lave-linge	☐	☐
	☐	☐
	☐	☐
	☐	☐
	☐	☐

Bureau

	Prévu	Fait
Nettoyer écran et clavier de l'ordinateur	☐	☐
Classer et ranger les papiers	☐	☐
Sauvegarder l'ordinateur	☐	☐
	☐	☐

    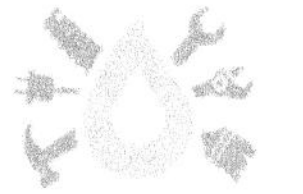 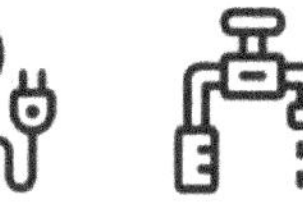 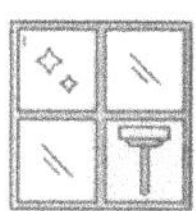

Semaine du …................... Au …........................

Entretien Courant

	Prévu	Fait
Nettoyer le filtre de la hotte aspirante de la cuisine	☐	☐
Nettoyer les dépots calcaires des robinets	☐	☐
Nettoyer les dépots calcaires des pommes de douches	☐	☐
Nettoyer la cuvette des toilettes	☐	☐
Nettoyer les cadres intérieurs des fenêtres	☐	☐
Nettoyer les cadres des portes	☐	☐
Nettoyer en profondeur les appareils électro-ménager	☐	☐
Nettoyer à fond les sols	☐	☐
Nettoyer les grilles de la VMC	☐	☐
Faire la poussière sur les moulures en hauteur	☐	☐
Faire la poussière des cadres	☐	☐
Nettoyer l'intérieur du réfrigérateur	☐	☐
Nettoyer l'intérieur du congélateur	☐	☐
Nettoyer les interrupteurs	☐	☐
Nettoyer le lave-linge	☐	☐
	☐	☐
	☐	☐
	☐	☐
	☐	☐

Bureau

Nettoyer écran et clavier de l'ordinateur	☐	☐
Classer et ranger les papiers	☐	☐
Sauvegarder l'ordinateur	☐	☐
	☐	☐

     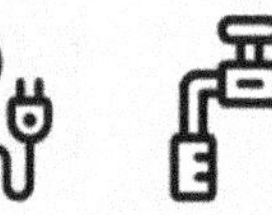 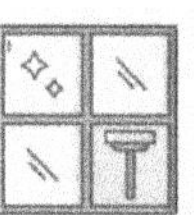

Semaine du …................... Au …......................

Entretien Courant

	Prévu	Fait
Nettoyer le filtre de la hotte aspirante de la cuisine	☐	☐
Nettoyer les dépots calcaires des robinets	☐	☐
Nettoyer les dépots calcaires des pommes de douches	☐	☐
Nettoyer la cuvette des toilettes	☐	☐
Nettoyer les cadres intérieurs des fenêtres	☐	☐
Nettoyer les cadres des portes	☐	☐
Nettoyer en profondeur les appareils électro-ménager	☐	☐
Nettoyer à fond les sols	☐	☐
Nettoyer les grilles de la VMC	☐	☐
Faire la poussière sur les moulures en hauteur	☐	☐
Faire la poussière des cadres	☐	☐
Nettoyer l'intérieur du réfrigérateur	☐	☐
Nettoyer l'intérieur du congélateur	☐	☐
Nettoyer les interrupteurs	☐	☐
Nettoyer le lave-linge	☐	☐
	☐	☐
	☐	☐
	☐	☐
	☐	☐

Bureau

	Prévu	Fait
Nettoyer écran et clavier de l'ordinateur	☐	☐
Classer et ranger les papiers	☐	☐
Sauvegarder l'ordinateur	☐	☐
	☐	☐

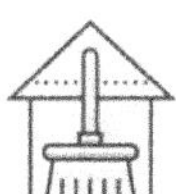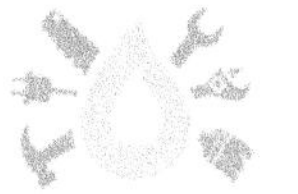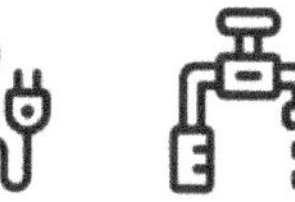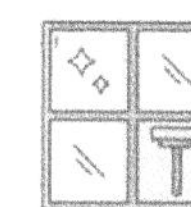

Semaine du …................... Au …........................

Entretien Courant

	Prévu	Fait
Nettoyer le filtre de la hotte aspirante de la cuisine	☐	☐
Nettoyer les dépots calcaires des robinets	☐	☐
Nettoyer les dépots calcaires des pommes de douches	☐	☐
Nettoyer la cuvette des toilettes	☐	☐
Nettoyer les cadres intérieurs des fenêtres	☐	☐
Nettoyer les cadres des portes	☐	☐
Nettoyer en profondeur les appareils électro-ménager	☐	☐
Nettoyer à fond les sols	☐	☐
Nettoyer les grilles de la VMC	☐	☐
Faire la poussière sur les moulures en hauteur	☐	☐
Faire la poussière des cadres	☐	☐
Nettoyer l'intérieur du réfrigérateur	☐	☐
Nettoyer l'intérieur du congélateur	☐	☐
Nettoyer les interrupteurs	☐	☐
Nettoyer le lave-linge	☐	☐
	☐	☐
	☐	☐
	☐	☐
	☐	☐

Bureau

	Prévu	Fait
Nettoyer écran et clavier de l'ordinateur	☐	☐
Classer et ranger les papiers	☐	☐
Sauvegarder l'ordinateur	☐	☐
	☐	☐

       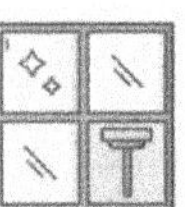

Semaine du …................... Au …........................

Entretien Courant

	Prévu	Fait
Nettoyer le filtre de la hotte aspirante de la cuisine	☐	☐
Nettoyer les dépots calcaires des robinets	☐	☐
Nettoyer les dépots calcaires des pommes de douches	☐	☐
Nettoyer la cuvette des toilettes	☐	☐
Nettoyer les cadres intérieurs des fenêtres	☐	☐
Nettoyer les cadres des portes	☐	☐
Nettoyer en profondeur les appareils électro-ménager	☐	☐
Nettoyer à fond les sols	☐	☐
Nettoyer les grilles de la VMC	☐	☐
Faire la poussière sur les moulures en hauteur	☐	☐
Faire la poussière des cadres	☐	☐
Nettoyer l'intérieur du réfrigérateur	☐	☐
Nettoyer l'intérieur du congélateur	☐	☐
Nettoyer les interrupteurs	☐	☐
Nettoyer le lave-linge	☐	☐
	☐	☐
	☐	☐
	☐	☐
	☐	☐

Bureau

	Prévu	Fait
Nettoyer écran et clavier de l'ordinateur	☐	☐
Classer et ranger les papiers	☐	☐
Sauvegarder l'ordinateur	☐	☐
	☐	☐

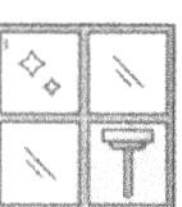

Semaine du …................... Au …........................

Entretien Courant

	Prévu	Fait
Nettoyer le filtre de la hotte aspirante de la cuisine	☐	☐
Nettoyer les dépots calcaires des robinets	☐	☐
Nettoyer les dépots calcaires des pommes de douches	☐	☐
Nettoyer la cuvette des toilettes	☐	☐
Nettoyer les cadres intérieurs des fenêtres	☐	☐
Nettoyer les cadres des portes	☐	☐
Nettoyer en profondeur les appareils électro-ménager	☐	☐
Nettoyer à fond les sols	☐	☐
Nettoyer les grilles de la VMC	☐	☐
Faire la poussière sur les moulures en hauteur	☐	☐
Faire la poussière des cadres	☐	☐
Nettoyer l'intérieur du réfrigérateur	☐	☐
Nettoyer l'intérieur du congélateur	☐	☐
Nettoyer les interrupteurs	☐	☐
Nettoyer le lave-linge	☐	☐
	☐	☐
	☐	☐
	☐	☐
	☐	☐

Bureau

	Prévu	Fait
Nettoyer écran et clavier de l'ordinateur	☐	☐
Classer et ranger les papiers	☐	☐
Sauvegarder l'ordinateur	☐	☐
	☐	☐

      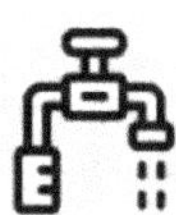 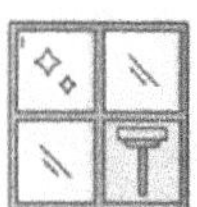

Semaine du …................... Au …......................

Entretien Courant

	Prévu	Fait
Nettoyer le filtre de la hotte aspirante de la cuisine	☐	☐
Nettoyer les dépots calcaires des robinets	☐	☐
Nettoyer les dépots calcaires des pommes de douches	☐	☐
Nettoyer la cuvette des toilettes	☐	☐
Nettoyer les cadres intérieurs des fenêtres	☐	☐
Nettoyer les cadres des portes	☐	☐
Nettoyer en profondeur les appareils électro-ménager	☐	☐
Nettoyer à fond les sols	☐	☐
Nettoyer les grilles de la VMC	☐	☐
Faire la poussière sur les moulures en hauteur	☐	☐
Faire la poussière des cadres	☐	☐
Nettoyer l'intérieur du réfrigérateur	☐	☐
Nettoyer l'intérieur du congélateur	☐	☐
Nettoyer les interrupteurs	☐	☐
Nettoyer le lave-linge	☐	☐
	☐	☐
	☐	☐
	☐	☐
	☐	☐

Bureau

	Prévu	Fait
Nettoyer écran et clavier de l'ordinateur	☐	☐
Classer et ranger les papiers	☐	☐
Sauvegarder l'ordinateur	☐	☐
	☐	☐

      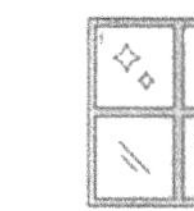

Semaine du …................... Au …........................

Entretien Courant

	Prévu	Fait
Nettoyer le filtre de la hotte aspirante de la cuisine	☐	☐
Nettoyer les dépots calcaires des robinets	☐	☐
Nettoyer les dépots calcaires des pommes de douches	☐	☐
Nettoyer la cuvette des toilettes	☐	☐
Nettoyer les cadres intérieurs des fenêtres	☐	☐
Nettoyer les cadres des portes	☐	☐
Nettoyer en profondeur les appareils électro-ménager	☐	☐
Nettoyer à fond les sols	☐	☐
Nettoyer les grilles de la VMC	☐	☐
Faire la poussière sur les moulures en hauteur	☐	☐
Faire la poussière des cadres	☐	☐
Nettoyer l'intérieur du réfrigérateur	☐	☐
Nettoyer l'intérieur du congélateur	☐	☐
Nettoyer les interrupteurs	☐	☐
Nettoyer le lave-linge	☐	☐
	☐	☐
	☐	☐
	☐	☐
	☐	☐

Bureau

	Prévu	Fait
Nettoyer écran et clavier de l'ordinateur	☐	☐
Classer et ranger les papiers	☐	☐
Sauvegarder l'ordinateur	☐	☐
	☐	☐

      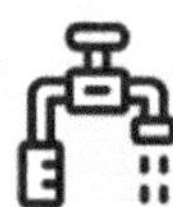 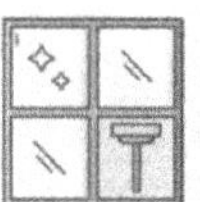

Semaine du …................... Au …........................

Entretien Courant

	Prévu	Fait
Nettoyer le filtre de la hotte aspirante de la cuisine	☐	☐
Nettoyer les dépots calcaires des robinets	☐	☐
Nettoyer les dépots calcaires des pommes de douches	☐	☐
Nettoyer la cuvette des toilettes	☐	☐
Nettoyer les cadres intérieurs des fenêtres	☐	☐
Nettoyer les cadres des portes	☐	☐
Nettoyer en profondeur les appareils électro-ménager	☐	☐
Nettoyer à fond les sols	☐	☐
Nettoyer les grilles de la VMC	☐	☐
Faire la poussière sur les moulures en hauteur	☐	☐
Faire la poussière des cadres	☐	☐
Nettoyer l'intérieur du réfrigérateur	☐	☐
Nettoyer l'intérieur du congélateur	☐	☐
Nettoyer les interrupteurs	☐	☐
Nettoyer le lave-linge	☐	☐
	☐	☐
	☐	☐
	☐	☐
	☐	☐

Bureau

	Prévu	Fait
Nettoyer écran et clavier de l'ordinateur	☐	☐
Classer et ranger les papiers	☐	☐
Sauvegarder l'ordinateur	☐	☐
	☐	☐

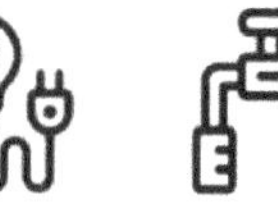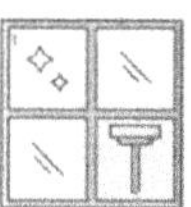

Semaine du …................... Au …........................

Entretien Courant

	Prévu	Fait
Nettoyer le filtre de la hotte aspirante de la cuisine	☐	☐
Nettoyer les dépots calcaires des robinets	☐	☐
Nettoyer les dépots calcaires des pommes de douches	☐	☐
Nettoyer la cuvette des toilettes	☐	☐
Nettoyer les cadres intérieurs des fenêtres	☐	☐
Nettoyer les cadres des portes	☐	☐
Nettoyer en profondeur les appareils électro-ménager	☐	☐
Nettoyer à fond les sols	☐	☐
Nettoyer les grilles de la VMC	☐	☐
Faire la poussière sur les moulures en hauteur	☐	☐
Faire la poussière des cadres	☐	☐
Nettoyer l'intérieur du réfrigérateur	☐	☐
Nettoyer l'intérieur du congélateur	☐	☐
Nettoyer les interrupteurs	☐	☐
Nettoyer le lave-linge	☐	☐
	☐	☐
	☐	☐
	☐	☐
	☐	☐

Bureau

	Prévu	Fait
Nettoyer écran et clavier de l'ordinateur	☐	☐
Classer et ranger les papiers	☐	☐
Sauvegarder l'ordinateur	☐	☐
	☐	☐

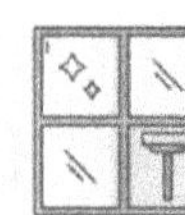

Semaine du …................. Au …........................

Entretien Courant

	Prévu	Fait
Nettoyer le filtre de la hotte aspirante de la cuisine	☐	☐
Nettoyer les dépots calcaires des robinets	☐	☐
Nettoyer les dépots calcaires des pommes de douches	☐	☐
Nettoyer la cuvette des toilettes	☐	☐
Nettoyer les cadres intérieurs des fenêtres	☐	☐
Nettoyer les cadres des portes	☐	☐
Nettoyer en profondeur les appareils électro-ménager	☐	☐
Nettoyer à fond les sols	☐	☐
Nettoyer les grilles de la VMC	☐	☐
Faire la poussière sur les moulures en hauteur	☐	☐
Faire la poussière des cadres	☐	☐
Nettoyer l'intérieur du réfrigérateur	☐	☐
Nettoyer l'intérieur du congélateur	☐	☐
Nettoyer les interrupteurs	☐	☐
Nettoyer le lave-linge	☐	☐
	☐	☐
	☐	☐
	☐	☐
	☐	☐

Bureau

	Prévu	Fait
Nettoyer écran et clavier de l'ordinateur	☐	☐
Classer et ranger les papiers	☐	☐
Sauvegarder l'ordinateur	☐	☐
	☐	☐

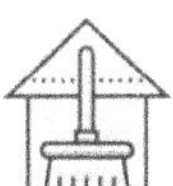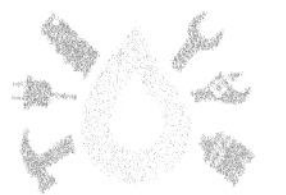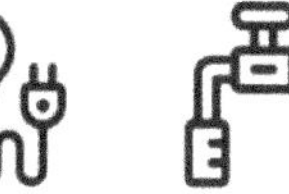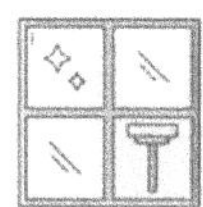

Semaine du …................... Au …........................

Entretien Courant

	Prévu	Fait
Nettoyer le filtre de la hotte aspirante de la cuisine	☐	☐
Nettoyer les dépots calcaires des robinets	☐	☐
Nettoyer les dépots calcaires des pommes de douches	☐	☐
Nettoyer la cuvette des toilettes	☐	☐
Nettoyer les cadres intérieurs des fenêtres	☐	☐
Nettoyer les cadres des portes	☐	☐
Nettoyer en profondeur les appareils électro-ménager	☐	☐
Nettoyer à fond les sols	☐	☐
Nettoyer les grilles de la VMC	☐	☐
Faire la poussière sur les moulures en hauteur	☐	☐
Faire la poussière des cadres	☐	☐
Nettoyer l'intérieur du réfrigérateur	☐	☐
Nettoyer l'intérieur du congélateur	☐	☐
Nettoyer les interrupteurs	☐	☐
Nettoyer le lave-linge	☐	☐
	☐	☐
	☐	☐
	☐	☐
	☐	☐

Bureau

	Prévu	Fait
Nettoyer écran et clavier de l'ordinateur	☐	☐
Classer et ranger les papiers	☐	☐
Sauvegarder l'ordinateur	☐	☐
	☐	☐

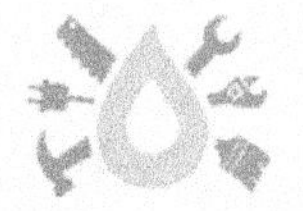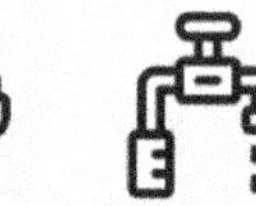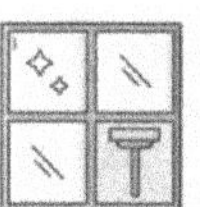

Semaine du …................... Au …........................

Entretien Courant

	Prévu	Fait
Nettoyer le filtre de la hotte aspirante de la cuisine	☐	☐
Nettoyer les dépots calcaires des robinets	☐	☐
Nettoyer les dépots calcaires des pommes de douches	☐	☐
Nettoyer la cuvette des toilettes	☐	☐
Nettoyer les cadres intérieurs des fenêtres	☐	☐
Nettoyer les cadres des portes	☐	☐
Nettoyer en profondeur les appareils électro-ménager	☐	☐
Nettoyer à fond les sols	☐	☐
Nettoyer les grilles de la VMC	☐	☐
Faire la poussière sur les moulures en hauteur	☐	☐
Faire la poussière des cadres	☐	☐
Nettoyer l'intérieur du réfrigérateur	☐	☐
Nettoyer l'intérieur du congélateur	☐	☐
Nettoyer les interrupteurs	☐	☐
Nettoyer le lave-linge	☐	☐
	☐	☐
	☐	☐
	☐	☐
	☐	☐

Bureau

	Prévu	Fait
Nettoyer écran et clavier de l'ordinateur	☐	☐
Classer et ranger les papiers	☐	☐
Sauvegarder l'ordinateur	☐	☐
	☐	☐

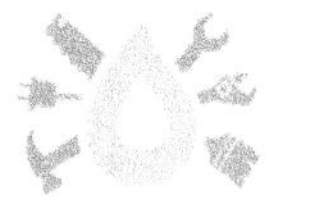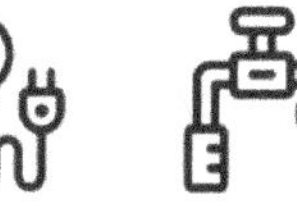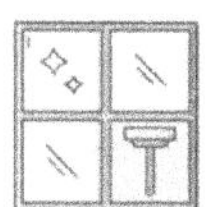

Semaine du …................... Au …........................

Entretien Courant

	Prévu	Fait
Nettoyer le filtre de la hotte aspirante de la cuisine	☐	☐
Nettoyer les dépots calcaires des robinets	☐	☐
Nettoyer les dépots calcaires des pommes de douches	☐	☐
Nettoyer la cuvette des toilettes	☐	☐
Nettoyer les cadres intérieurs des fenêtres	☐	☐
Nettoyer les cadres des portes	☐	☐
Nettoyer en profondeur les appareils électro-ménager	☐	☐
Nettoyer à fond les sols	☐	☐
Nettoyer les grilles de la VMC	☐	☐
Faire la poussière sur les moulures en hauteur	☐	☐
Faire la poussière des cadres	☐	☐
Nettoyer l'intérieur du réfrigérateur	☐	☐
Nettoyer l'intérieur du congélateur	☐	☐
Nettoyer les interrupteurs	☐	☐
Nettoyer le lave-linge	☐	☐
	☐	☐
	☐	☐
	☐	☐
	☐	☐

Bureau

	Prévu	Fait
Nettoyer écran et clavier de l'ordinateur	☐	☐
Classer et ranger les papiers	☐	☐
Sauvegarder l'ordinateur	☐	☐
	☐	☐

      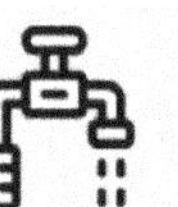 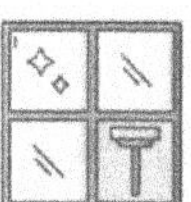

Semaine du …................... Au …........................

Entretien Courant

	Prévu	Fait
Nettoyer le filtre de la hotte aspirante de la cuisine	☐	☐
Nettoyer les dépots calcaires des robinets	☐	☐
Nettoyer les dépots calcaires des pommes de douches	☐	☐
Nettoyer la cuvette des toilettes	☐	☐
Nettoyer les cadres intérieurs des fenêtres	☐	☐
Nettoyer les cadres des portes	☐	☐
Nettoyer en profondeur les appareils électro-ménager	☐	☐
Nettoyer à fond les sols	☐	☐
Nettoyer les grilles de la VMC	☐	☐
Faire la poussière sur les moulures en hauteur	☐	☐
Faire la poussière des cadres	☐	☐
Nettoyer l'intérieur du réfrigérateur	☐	☐
Nettoyer l'intérieur du congélateur	☐	☐
Nettoyer les interrupteurs	☐	☐
Nettoyer le lave-linge	☐	☐
	☐	☐
	☐	☐
	☐	☐
	☐	☐

Bureau

	Prévu	Fait
Nettoyer écran et clavier de l'ordinateur	☐	☐
Classer et ranger les papiers	☐	☐
Sauvegarder l'ordinateur	☐	☐
	☐	☐

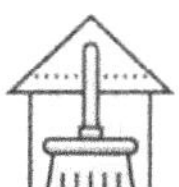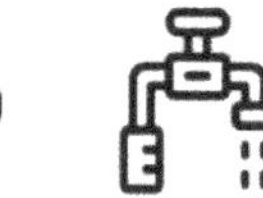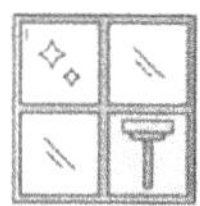

Semaine du …................... Au …........................

Entretien Courant

	Prévu	Fait
Nettoyer le filtre de la hotte aspirante de la cuisine	☐	☐
Nettoyer les dépots calcaires des robinets	☐	☐
Nettoyer les dépots calcaires des pommes de douches	☐	☐
Nettoyer la cuvette des toilettes	☐	☐
Nettoyer les cadres intérieurs des fenêtres	☐	☐
Nettoyer les cadres des portes	☐	☐
Nettoyer en profondeur les appareils électro-ménager	☐	☐
Nettoyer à fond les sols	☐	☐
Nettoyer les grilles de la VMC	☐	☐
Faire la poussière sur les moulures en hauteur	☐	☐
Faire la poussière des cadres	☐	☐
Nettoyer l'intérieur du réfrigérateur	☐	☐
Nettoyer l'intérieur du congélateur	☐	☐
Nettoyer les interrupteurs	☐	☐
Nettoyer le lave-linge	☐	☐
	☐	☐
	☐	☐
	☐	☐
	☐	☐

Bureau

Nettoyer écran et clavier de l'ordinateur	☐	☐
Classer et ranger les papiers	☐	☐
Sauvegarder l'ordinateur	☐	☐
	☐	☐

      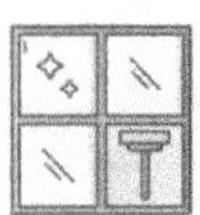

Semaine du …................... Au …........................

Entretien Courant

	Prévu	Fait
Nettoyer le filtre de la hotte aspirante de la cuisine	☐	☐
Nettoyer les dépots calcaires des robinets	☐	☐
Nettoyer les dépots calcaires des pommes de douches	☐	☐
Nettoyer la cuvette des toilettes	☐	☐
Nettoyer les cadres intérieurs des fenêtres	☐	☐
Nettoyer les cadres des portes	☐	☐
Nettoyer en profondeur les appareils électro-ménager	☐	☐
Nettoyer à fond les sols	☐	☐
Nettoyer les grilles de la VMC	☐	☐
Faire la poussière sur les moulures en hauteur	☐	☐
Faire la poussière des cadres	☐	☐
Nettoyer l'intérieur du réfrigérateur	☐	☐
Nettoyer l'intérieur du congélateur	☐	☐
Nettoyer les interrupteurs	☐	☐
Nettoyer le lave-linge	☐	☐
	☐	☐
	☐	☐
	☐	☐
	☐	☐

Bureau

	Prévu	Fait
Nettoyer écran et clavier de l'ordinateur	☐	☐
Classer et ranger les papiers	☐	☐
Sauvegarder l'ordinateur	☐	☐
	☐	☐

Semaine du …................... Au …........................

Entretien Courant

	Prévu	Fait
Nettoyer le filtre de la hotte aspirante de la cuisine	☐	☐
Nettoyer les dépots calcaires des robinets	☐	☐
Nettoyer les dépots calcaires des pommes de douches	☐	☐
Nettoyer la cuvette des toilettes	☐	☐
Nettoyer les cadres intérieurs des fenêtres	☐	☐
Nettoyer les cadres des portes	☐	☐
Nettoyer en profondeur les appareils électro-ménager	☐	☐
Nettoyer à fond les sols	☐	☐
Nettoyer les grilles de la VMC	☐	☐
Faire la poussière sur les moulures en hauteur	☐	☐
Faire la poussière des cadres	☐	☐
Nettoyer l'intérieur du réfrigérateur	☐	☐
Nettoyer l'intérieur du congélateur	☐	☐
Nettoyer les interrupteurs	☐	☐
Nettoyer le lave-linge	☐	☐
	☐	☐
	☐	☐
	☐	☐
	☐	☐

Bureau

	Prévu	Fait
Nettoyer écran et clavier de l'ordinateur	☐	☐
Classer et ranger les papiers	☐	☐
Sauvegarder l'ordinateur	☐	☐
	☐	☐

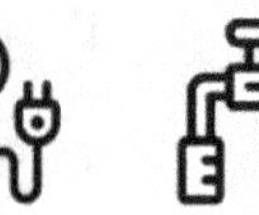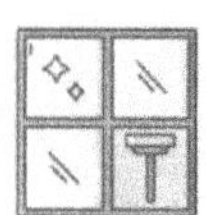

Semaine du …................... Au …..........................

Entretien Courant

	Prévu	Fait
Nettoyer le filtre de la hotte aspirante de la cuisine	☐	☐
Nettoyer les dépots calcaires des robinets	☐	☐
Nettoyer les dépots calcaires des pommes de douches	☐	☐
Nettoyer la cuvette des toilettes	☐	☐
Nettoyer les cadres intérieurs des fenêtres	☐	☐
Nettoyer les cadres des portes	☐	☐
Nettoyer en profondeur les appareils électro-ménager	☐	☐
Nettoyer à fond les sols	☐	☐
Nettoyer les grilles de la VMC	☐	☐
Faire la poussière sur les moulures en hauteur	☐	☐
Faire la poussière des cadres	☐	☐
Nettoyer l'intérieur du réfrigérateur	☐	☐
Nettoyer l'intérieur du congélateur	☐	☐
Nettoyer les interrupteurs	☐	☐
Nettoyer le lave-linge	☐	☐
	☐	☐
	☐	☐
	☐	☐
	☐	☐

Bureau

	Prévu	Fait
Nettoyer écran et clavier de l'ordinateur	☐	☐
Classer et ranger les papiers	☐	☐
Sauvegarder l'ordinateur	☐	☐
	☐	☐

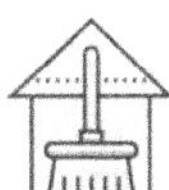    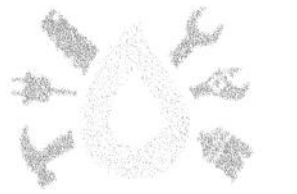 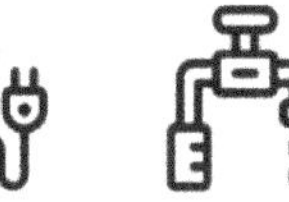 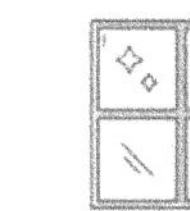

Semaine du ….................. Au ….........................

Entretien Courant

	Prévu	Fait
Nettoyer le filtre de la hotte aspirante de la cuisine	☐	☐
Nettoyer les dépots calcaires des robinets	☐	☐
Nettoyer les dépots calcaires des pommes de douches	☐	☐
Nettoyer la cuvette des toilettes	☐	☐
Nettoyer les cadres intérieurs des fenêtres	☐	☐
Nettoyer les cadres des portes	☐	☐
Nettoyer en profondeur les appareils électro-ménager	☐	☐
Nettoyer à fond les sols	☐	☐
Nettoyer les grilles de la VMC	☐	☐
Faire la poussière sur les moulures en hauteur	☐	☐
Faire la poussière des cadres	☐	☐
Nettoyer l'intérieur du réfrigérateur	☐	☐
Nettoyer l'intérieur du congélateur	☐	☐
Nettoyer les interrupteurs	☐	☐
Nettoyer le lave-linge	☐	☐
	☐	☐
	☐	☐
	☐	☐
	☐	☐

Bureau

	Prévu	Fait
Nettoyer écran et clavier de l'ordinateur	☐	☐
Classer et ranger les papiers	☐	☐
Sauvegarder l'ordinateur	☐	☐
	☐	☐

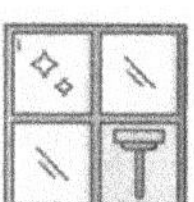

Semaine du …................. Au …......................

Entretien Courant

	Prévu	Fait
Nettoyer le filtre de la hotte aspirante de la cuisine	☐	☐
Nettoyer les dépots calcaires des robinets	☐	☐
Nettoyer les dépots calcaires des pommes de douches	☐	☐
Nettoyer la cuvette des toilettes	☐	☐
Nettoyer les cadres intérieurs des fenêtres	☐	☐
Nettoyer les cadres des portes	☐	☐
Nettoyer en profondeur les appareils électro-ménager	☐	☐
Nettoyer à fond les sols	☐	☐
Nettoyer les grilles de la VMC	☐	☐
Faire la poussière sur les moulures en hauteur	☐	☐
Faire la poussière des cadres	☐	☐
Nettoyer l'intérieur du réfrigérateur	☐	☐
Nettoyer l'intérieur du congélateur	☐	☐
Nettoyer les interrupteurs	☐	☐
Nettoyer le lave-linge	☐	☐
	☐	☐
	☐	☐
	☐	☐
	☐	☐

Bureau

	Prévu	Fait
Nettoyer écran et clavier de l'ordinateur	☐	☐
Classer et ranger les papiers	☐	☐
Sauvegarder l'ordinateur	☐	☐
	☐	☐

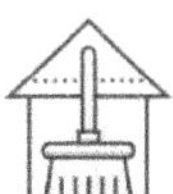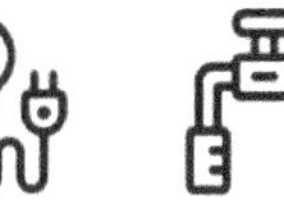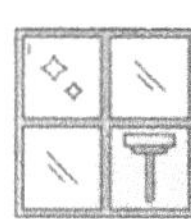

Semaine du ….................. Au …........................

Entretien Courant

	Prévu	Fait
Nettoyer le filtre de la hotte aspirante de la cuisine	☐	☐
Nettoyer les dépots calcaires des robinets	☐	☐
Nettoyer les dépots calcaires des pommes de douches	☐	☐
Nettoyer la cuvette des toilettes	☐	☐
Nettoyer les cadres intérieurs des fenêtres	☐	☐
Nettoyer les cadres des portes	☐	☐
Nettoyer en profondeur les appareils électro-ménager	☐	☐
Nettoyer à fond les sols	☐	☐
Nettoyer les grilles de la VMC	☐	☐
Faire la poussière sur les moulures en hauteur	☐	☐
Faire la poussière des cadres	☐	☐
Nettoyer l'intérieur du réfrigérateur	☐	☐
Nettoyer l'intérieur du congélateur	☐	☐
Nettoyer les interrupteurs	☐	☐
Nettoyer le lave-linge	☐	☐
	☐	☐
	☐	☐
	☐	☐
	☐	☐

Bureau

	Prévu	Fait
Nettoyer écran et clavier de l'ordinateur	☐	☐
Classer et ranger les papiers	☐	☐
Sauvegarder l'ordinateur	☐	☐
	☐	☐

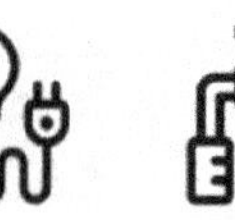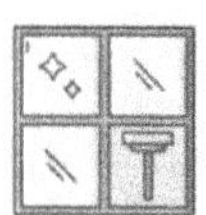

Semaine du …................... Au …........................

Entretien Courant

	Prévu	Fait
Nettoyer le filtre de la hotte aspirante de la cuisine	☐	☐
Nettoyer les dépots calcaires des robinets	☐	☐
Nettoyer les dépots calcaires des pommes de douches	☐	☐
Nettoyer la cuvette des toilettes	☐	☐
Nettoyer les cadres intérieurs des fenêtres	☐	☐
Nettoyer les cadres des portes	☐	☐
Nettoyer en profondeur les appareils électro-ménager	☐	☐
Nettoyer à fond les sols	☐	☐
Nettoyer les grilles de la VMC	☐	☐
Faire la poussière sur les moulures en hauteur	☐	☐
Faire la poussière des cadres	☐	☐
Nettoyer l'intérieur du réfrigérateur	☐	☐
Nettoyer l'intérieur du congélateur	☐	☐
Nettoyer les interrupteurs	☐	☐
Nettoyer le lave-linge	☐	☐
	☐	☐
	☐	☐
	☐	☐
	☐	☐

Bureau

	Prévu	Fait
Nettoyer écran et clavier de l'ordinateur	☐	☐
Classer et ranger les papiers	☐	☐
Sauvegarder l'ordinateur	☐	☐
	☐	☐

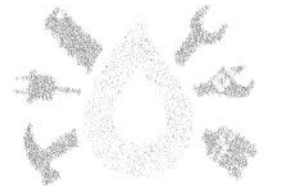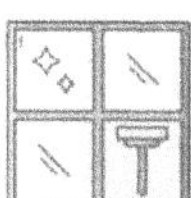

Mois de ….................................

Entretien Bi-Annuel

	Prévu	Fait
Nettoyer et dépoussiérer les convecteurs ou les radiateurs	☐	☐
Nettoyer les vitres intérieures	☐	☐
Nettoyer les tapis	☐	☐
Nettoyer l'intérieur des placards de la cuisine	☐	☐
Laver ou nettoyer les rideaux et les stores	☐	☐
Changer le filtre de la hotte aspirante de la cuisine	☐	☐
Retourner le matelas	☐	☐
	☐	☐
	☐	☐
Vérifier filtre du lave-vaisselle	☐	☐
Vérifier filtre du lave-linge	☐	☐
Vérifier l'entretien de la chaudière	☐	☐
Vérifier la bonne fermeture des robinets	☐	☐
Vérifier l'interphone - visiophone	☐	☐
Vérifier l'humidité des murs et des plafonds	☐	☐
	☐	☐
Ponctuel	☐	☐
Vérifier et remplacer les ampoules	☐	☐
Vérifier les prises de courants	☐	☐
	☐	☐
	☐	☐
	☐	☐
	☐	☐
	☐	☐
	☐	☐

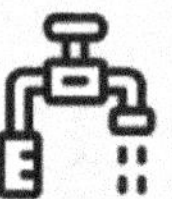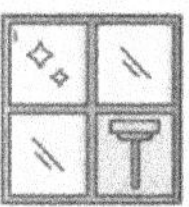

Mois de …...................................

Entretien Bi-Annuel

	Prévu	Fait
Nettoyer et dépoussiérer les convecteurs ou les radiateurs	☐	☐
Nettoyer les vitres intérieures	☐	☐
Nettoyer les tapis	☐	☐
Nettoyer l'intérieur des placards de la cuisine	☐	☐
Laver ou nettoyer les rideaux et les stores	☐	☐
Changer le filtre de la hotte aspirante de la cuisine	☐	☐
Retourner le matelas	☐	☐
	☐	☐
	☐	☐
Vérifier filtre du lave-vaisselle	☐	☐
Vérifier filtre du lave-linge	☐	☐
Vérifier l'entretien de la chaudière	☐	☐
Vérifier la bonne fermeture des robinets	☐	☐
Vérifier l'interphone - visiophone	☐	☐
Vérifier l'humidité des murs et des plafonds	☐	☐
	☐	☐
Ponctuel	☐	☐
Vérifier et remplacer les ampoules	☐	☐
Vérifier les prises de courants	☐	☐
	☐	☐
	☐	☐
	☐	☐
	☐	☐
	☐	☐

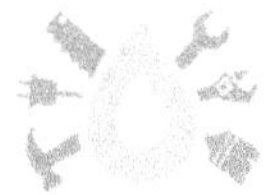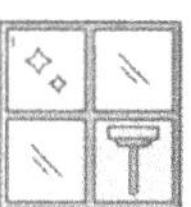

Année …......................................

Entretien Annuel

	Prévu	Fait
Vérifier les portes intérieures et huiler les gonds	☐	☐
Vérifier serrures et poignées	☐	☐
Vérifier le chauffe-eau	☐	☐
Vérifier la chaudière - contrat entretien	☐	☐
Tester les alarmes incendie	☐	☐
Tester le système d'alarme sécurité	☐	☐
Nettoyer la grille extérieur du réfrigérateur	☐	☐
Nettoyer la grille extérieur du congélateur	☐	☐
Vérifier et Changer si nécessaire le filtre d'air climatisé	☐	☐
Ramoner la cheminée	☐	☐
	☐	☐
Jeter les appareils électroménagers cassés ou irréparables	☐	☐
Mettre de côté bibelots et accessoires à jeter ou à donner	☐	☐
Trier les magazine et journaux	☐	☐
Trier les vêtements à donner ou à jeter	☐	☐
Trier les chaussures à donner ou à jeter	☐	☐
	☐	☐
	☐	☐
	☐	☐
	☐	☐
	☐	☐
	☐	☐
	☐	☐
	☐	☐

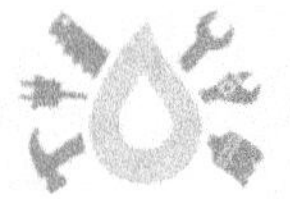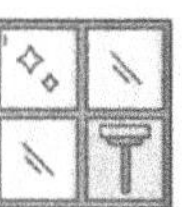

Notes et Observations de l'Année

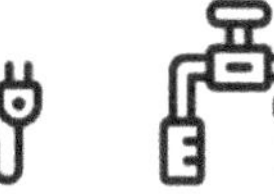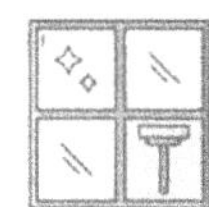

EXTERIEUR

Mois : …....................

Entretien Semestriel

	Prévu	Fait
Nettoyer les cadres des fenêtres extérieures	☐	☐
Vérifier et nettoyer les façades	☐	☐
Inspecter la toiture	☐	☐
Nettoyer les gouttières	☐	☐
Vérifier - Repeindre les surfaces extérieures	☐	☐
Repasser une couche de lasure sur les surfaces en bois	☐	☐
	☐	☐
Nettoyer les allées au lavage haute pression	☐	☐
Nettoyer la terrasse au lavage haute pression	☐	☐
	☐	☐
	☐	☐
Nettoyage et entretien des outils de jardinage	☐	☐
Couper et stérer le bois	☐	☐
Vérifier système d'arrosage - tuyaux	☐	☐
	☐	☐
	☐	☐
	☐	☐
Ponctuel	☐	☐
Tondre la pelouse	☐	☐
Nettoyer les plates-bandes	☐	☐
Taille des haies et arbustes	☐	☐
	☐	☐
	☐	☐

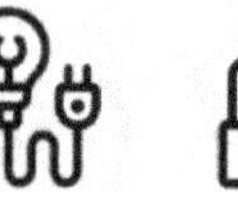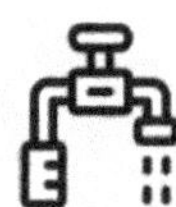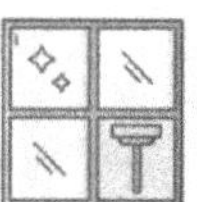

EXTERIEUR

Mois : …....................

Entretien Semestriel

	Prévu	Fait
Nettoyer les cadres des fenêtres extérieures	☐	☐
Vérifier et nettoyer les façades	☐	☐
Inspecter la toiture	☐	☐
Nettoyer les gouttières	☐	☐
Vérifier - Repeindre les surfaces extérieures	☐	☐
Repasser une couche de lasure sur les surfaces en bois	☐	☐
	☐	☐
Nettoyer les allées au lavage haute pression	☐	☐
Nettoyer la terrasse au lavage haute pression	☐	☐
	☐	☐
	☐	☐
Nettoyage et entretien des outils de jardinage	☐	☐
Couper et stérer le bois	☐	☐
Vérifier système d'arrosage - tuyaux	☐	☐
	☐	☐
	☐	☐
	☐	☐
Ponctuel	☐	☐
Tondre la pelouse	☐	☐
Nettoyer les plates-bandes	☐	☐
Taille des haies et arbustes	☐	☐
	☐	☐
	☐	☐

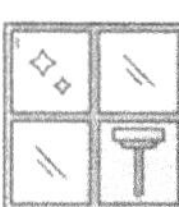

EXTERIEUR

Année : …......................

Entretien Annuel

	Prévu	Fait
Nettoyer les cadres des fenêtres extérieures	☐	☐
Vérifier et nettoyer les façades	☐	☐
Inspecter la toiture	☐	☐
Nettoyer les gouttières	☐	☐
Vérifier - Repeindre les surfaces extérieures	☐	☐
Repasser une couche de lasure sur les surfaces en bois	☐	☐
	☐	☐
Nettoyer les allées au lavage haute pression	☐	☐
Nettoyer la terrasse au lavage haute pression	☐	☐
	☐	☐
	☐	☐
Nettoyage et entretien des outils de jardinage	☐	☐
Couper et stérer le bois	☐	☐
Vérifier système d'arrosage - tuyaux	☐	☐
	☐	☐
	☐	☐
	☐	☐
Ponctuel	☐	☐
Tondre la pelouse	☐	☐
Nettoyer les plates-bandes	☐	☐
Taille des haies et arbustes	☐	☐
	☐	☐
	☐	☐

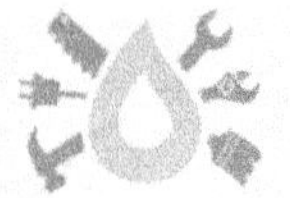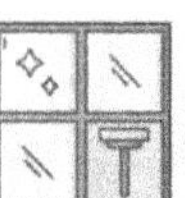

EXTERIEUR

Travaux et Entretiens Exceptionnels

Date - Désignation

     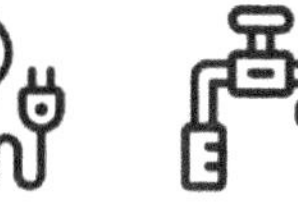 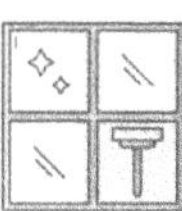

Semaine du …................... Au …..........................

Entretien Courant

	Prévu	Fait
Nettoyer le filtre de la hotte aspirante de la cuisine	☐	☐
Nettoyer les dépots calcaires des robinets	☐	☐
Nettoyer les dépots calcaires des pommes de douches	☐	☐
Nettoyer la cuvette des toilettes	☐	☐
Nettoyer les cadres intérieurs des fenêtres	☐	☐
Nettoyer les cadres des portes	☐	☐
Nettoyer en profondeur les appareils électro-ménager	☐	☐
Nettoyer à fond les sols	☐	☐
Nettoyer les grilles de la VMC	☐	☐
Faire la poussière sur les moulures en hauteur	☐	☐
Faire la poussière des cadres	☐	☐
Nettoyer l'intérieur du réfrigérateur	☐	☐
Nettoyer l'intérieur du congélateur	☐	☐
Nettoyer les interrupteurs	☐	☐
Nettoyer le lave-linge	☐	☐
	☐	☐
	☐	☐
	☐	☐
	☐	☐

Bureau

	Prévu	Fait
Nettoyer écran et clavier de l'ordinateur	☐	☐
Classer et ranger les papiers	☐	☐
Sauvegarder l'ordinateur	☐	☐
	☐	☐

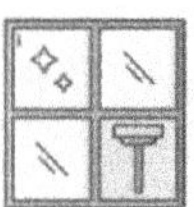

Semaine du …................... Au …........................

Entretien Courant

	Prévu	Fait
Nettoyer le filtre de la hotte aspirante de la cuisine	☐	☐
Nettoyer les dépots calcaires des robinets	☐	☐
Nettoyer les dépots calcaires des pommes de douches	☐	☐
Nettoyer la cuvette des toilettes	☐	☐
Nettoyer les cadres intérieurs des fenêtres	☐	☐
Nettoyer les cadres des portes	☐	☐
Nettoyer en profondeur les appareils électro-ménager	☐	☐
Nettoyer à fond les sols	☐	☐
Nettoyer les grilles de la VMC	☐	☐
Faire la poussière sur les moulures en hauteur	☐	☐
Faire la poussière des cadres	☐	☐
Nettoyer l'intérieur du réfrigérateur	☐	☐
Nettoyer l'intérieur du congélateur	☐	☐
Nettoyer les interrupteurs	☐	☐
Nettoyer le lave-linge	☐	☐
	☐	☐
	☐	☐
	☐	☐
	☐	☐

Bureau

	Prévu	Fait
Nettoyer écran et clavier de l'ordinateur	☐	☐
Classer et ranger les papiers	☐	☐
Sauvegarder l'ordinateur	☐	☐
	☐	☐

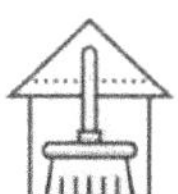       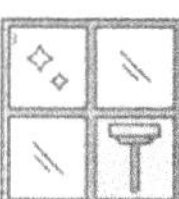

Semaine du …................... Au …........................

Entretien Courant

	Prévu	Fait
Nettoyer le filtre de la hotte aspirante de la cuisine	☐	☐
Nettoyer les dépots calcaires des robinets	☐	☐
Nettoyer les dépots calcaires des pommes de douches	☐	☐
Nettoyer la cuvette des toilettes	☐	☐
Nettoyer les cadres intérieurs des fenêtres	☐	☐
Nettoyer les cadres des portes	☐	☐
Nettoyer en profondeur les appareils électro-ménager	☐	☐
Nettoyer à fond les sols	☐	☐
Nettoyer les grilles de la VMC	☐	☐
Faire la poussière sur les moulures en hauteur	☐	☐
Faire la poussière des cadres	☐	☐
Nettoyer l'intérieur du réfrigérateur	☐	☐
Nettoyer l'intérieur du congélateur	☐	☐
Nettoyer les interrupteurs	☐	☐
Nettoyer le lave-linge	☐	☐
	☐	☐
	☐	☐
	☐	☐
	☐	☐

Bureau

	Prévu	Fait
Nettoyer écran et clavier de l'ordinateur	☐	☐
Classer et ranger les papiers	☐	☐
Sauvegarder l'ordinateur	☐	☐
	☐	☐

     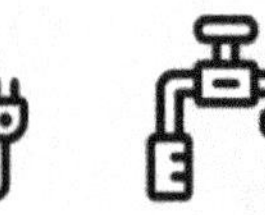 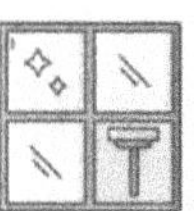

Semaine du ….................. Au …......................

Entretien Courant

	Prévu	Fait
Nettoyer le filtre de la hotte aspirante de la cuisine	☐	☐
Nettoyer les dépots calcaires des robinets	☐	☐
Nettoyer les dépots calcaires des pommes de douches	☐	☐
Nettoyer la cuvette des toilettes	☐	☐
Nettoyer les cadres intérieurs des fenêtres	☐	☐
Nettoyer les cadres des portes	☐	☐
Nettoyer en profondeur les appareils électro-ménager	☐	☐
Nettoyer à fond les sols	☐	☐
Nettoyer les grilles de la VMC	☐	☐
Faire la poussière sur les moulures en hauteur	☐	☐
Faire la poussière des cadres	☐	☐
Nettoyer l'intérieur du réfrigérateur	☐	☐
Nettoyer l'intérieur du congélateur	☐	☐
Nettoyer les interrupteurs	☐	☐
Nettoyer le lave-linge	☐	☐
	☐	☐
	☐	☐
	☐	☐
	☐	☐

Bureau

	Prévu	Fait
Nettoyer écran et clavier de l'ordinateur	☐	☐
Classer et ranger les papiers	☐	☐
Sauvegarder l'ordinateur	☐	☐
	☐	☐

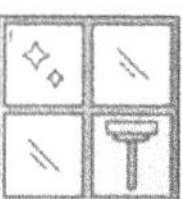

Semaine du …................... Au …........................

Entretien Courant

	Prévu	Fait
Nettoyer le filtre de la hotte aspirante de la cuisine	☐	☐
Nettoyer les dépots calcaires des robinets	☐	☐
Nettoyer les dépots calcaires des pommes de douches	☐	☐
Nettoyer la cuvette des toilettes	☐	☐
Nettoyer les cadres intérieurs des fenêtres	☐	☐
Nettoyer les cadres des portes	☐	☐
Nettoyer en profondeur les appareils électro-ménager	☐	☐
Nettoyer à fond les sols	☐	☐
Nettoyer les grilles de la VMC	☐	☐
Faire la poussière sur les moulures en hauteur	☐	☐
Faire la poussière des cadres	☐	☐
Nettoyer l'intérieur du réfrigérateur	☐	☐
Nettoyer l'intérieur du congélateur	☐	☐
Nettoyer les interrupteurs	☐	☐
Nettoyer le lave-linge	☐	☐
	☐	☐
	☐	☐
	☐	☐
	☐	☐

Bureau

	Prévu	Fait
Nettoyer écran et clavier de l'ordinateur	☐	☐
Classer et ranger les papiers	☐	☐
Sauvegarder l'ordinateur	☐	☐
	☐	☐

       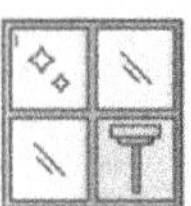

Semaine du …................... Au …........................

Entretien Courant

	Prévu	Fait
Nettoyer le filtre de la hotte aspirante de la cuisine	☐	☐
Nettoyer les dépots calcaires des robinets	☐	☐
Nettoyer les dépots calcaires des pommes de douches	☐	☐
Nettoyer la cuvette des toilettes	☐	☐
Nettoyer les cadres intérieurs des fenêtres	☐	☐
Nettoyer les cadres des portes	☐	☐
Nettoyer en profondeur les appareils électro-ménager	☐	☐
Nettoyer à fond les sols	☐	☐
Nettoyer les grilles de la VMC	☐	☐
Faire la poussière sur les moulures en hauteur	☐	☐
Faire la poussière des cadres	☐	☐
Nettoyer l'intérieur du réfrigérateur	☐	☐
Nettoyer l'intérieur du congélateur	☐	☐
Nettoyer les interrupteurs	☐	☐
Nettoyer le lave-linge	☐	☐
	☐	☐
	☐	☐
	☐	☐
	☐	☐

Bureau

	Prévu	Fait
Nettoyer écran et clavier de l'ordinateur	☐	☐
Classer et ranger les papiers	☐	☐
Sauvegarder l'ordinateur	☐	☐
	☐	☐

    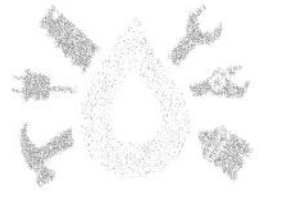  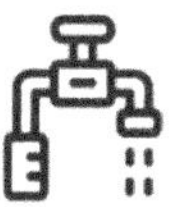 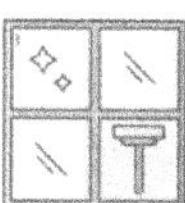

Semaine du …................... Au …........................

Entretien Courant

	Prévu	Fait
Nettoyer le filtre de la hotte aspirante de la cuisine	☐	☐
Nettoyer les dépots calcaires des robinets	☐	☐
Nettoyer les dépots calcaires des pommes de douches	☐	☐
Nettoyer la cuvette des toilettes	☐	☐
Nettoyer les cadres intérieurs des fenêtres	☐	☐
Nettoyer les cadres des portes	☐	☐
Nettoyer en profondeur les appareils électro-ménager	☐	☐
Nettoyer à fond les sols	☐	☐
Nettoyer les grilles de la VMC	☐	☐
Faire la poussière sur les moulures en hauteur	☐	☐
Faire la poussière des cadres	☐	☐
Nettoyer l'intérieur du réfrigérateur	☐	☐
Nettoyer l'intérieur du congélateur	☐	☐
Nettoyer les interrupteurs	☐	☐
Nettoyer le lave-linge	☐	☐
	☐	☐
	☐	☐
	☐	☐
	☐	☐

Bureau

Nettoyer écran et clavier de l'ordinateur	☐	☐
Classer et ranger les papiers	☐	☐
Sauvegarder l'ordinateur	☐	☐
	☐	☐

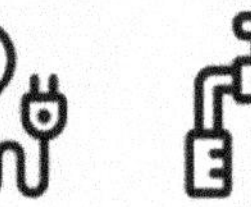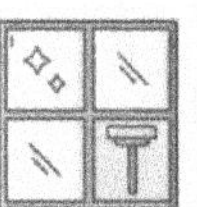

Semaine du …................... Au …...........................

Entretien Courant

	Prévu	Fait
Nettoyer le filtre de la hotte aspirante de la cuisine	☐	☐
Nettoyer les dépots calcaires des robinets	☐	☐
Nettoyer les dépots calcaires des pommes de douches	☐	☐
Nettoyer la cuvette des toilettes	☐	☐
Nettoyer les cadres intérieurs des fenêtres	☐	☐
Nettoyer les cadres des portes	☐	☐
Nettoyer en profondeur les appareils électro-ménager	☐	☐
Nettoyer à fond les sols	☐	☐
Nettoyer les grilles de la VMC	☐	☐
Faire la poussière sur les moulures en hauteur	☐	☐
Faire la poussière des cadres	☐	☐
Nettoyer l'intérieur du réfrigérateur	☐	☐
Nettoyer l'intérieur du congélateur	☐	☐
Nettoyer les interrupteurs	☐	☐
Nettoyer le lave-linge	☐	☐
	☐	☐
	☐	☐
	☐	☐
	☐	☐

Bureau

	Prévu	Fait
Nettoyer écran et clavier de l'ordinateur	☐	☐
Classer et ranger les papiers	☐	☐
Sauvegarder l'ordinateur	☐	☐
	☐	☐

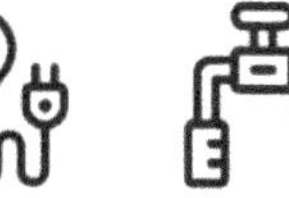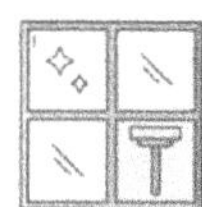

Semaine du …................... Au …........................

Entretien Courant

	Prévu	Fait
Nettoyer le filtre de la hotte aspirante de la cuisine	☐	☐
Nettoyer les dépots calcaires des robinets	☐	☐
Nettoyer les dépots calcaires des pommes de douches	☐	☐
Nettoyer la cuvette des toilettes	☐	☐
Nettoyer les cadres intérieurs des fenêtres	☐	☐
Nettoyer les cadres des portes	☐	☐
Nettoyer en profondeur les appareils électro-ménager	☐	☐
Nettoyer à fond les sols	☐	☐
Nettoyer les grilles de la VMC	☐	☐
Faire la poussière sur les moulures en hauteur	☐	☐
Faire la poussière des cadres	☐	☐
Nettoyer l'intérieur du réfrigérateur	☐	☐
Nettoyer l'intérieur du congélateur	☐	☐
Nettoyer les interrupteurs	☐	☐
Nettoyer le lave-linge	☐	☐
	☐	☐
	☐	☐
	☐	☐
	☐	☐

Bureau

	Prévu	Fait
Nettoyer écran et clavier de l'ordinateur	☐	☐
Classer et ranger les papiers	☐	☐
Sauvegarder l'ordinateur	☐	☐
	☐	☐

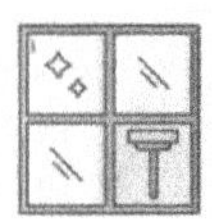

Semaine du …................ Au …....................

Entretien Courant

	Prévu	Fait
Nettoyer le filtre de la hotte aspirante de la cuisine	☐	☐
Nettoyer les dépots calcaires des robinets	☐	☐
Nettoyer les dépots calcaires des pommes de douches	☐	☐
Nettoyer la cuvette des toilettes	☐	☐
Nettoyer les cadres intérieurs des fenêtres	☐	☐
Nettoyer les cadres des portes	☐	☐
Nettoyer en profondeur les appareils électro-ménager	☐	☐
Nettoyer à fond les sols	☐	☐
Nettoyer les grilles de la VMC	☐	☐
Faire la poussière sur les moulures en hauteur	☐	☐
Faire la poussière des cadres	☐	☐
Nettoyer l'intérieur du réfrigérateur	☐	☐
Nettoyer l'intérieur du congélateur	☐	☐
Nettoyer les interrupteurs	☐	☐
Nettoyer le lave-linge	☐	☐
	☐	☐
	☐	☐
	☐	☐
	☐	☐

Bureau

	Prévu	Fait
Nettoyer écran et clavier de l'ordinateur	☐	☐
Classer et ranger les papiers	☐	☐
Sauvegarder l'ordinateur	☐	☐
	☐	☐

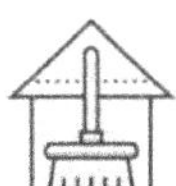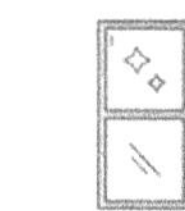

Semaine du …................... Au …........................

Entretien Courant

	Prévu	Fait
Nettoyer le filtre de la hotte aspirante de la cuisine	☐	☐
Nettoyer les dépots calcaires des robinets	☐	☐
Nettoyer les dépots calcaires des pommes de douches	☐	☐
Nettoyer la cuvette des toilettes	☐	☐
Nettoyer les cadres intérieurs des fenêtres	☐	☐
Nettoyer les cadres des portes	☐	☐
Nettoyer en profondeur les appareils électro-ménager	☐	☐
Nettoyer à fond les sols	☐	☐
Nettoyer les grilles de la VMC	☐	☐
Faire la poussière sur les moulures en hauteur	☐	☐
Faire la poussière des cadres	☐	☐
Nettoyer l'intérieur du réfrigérateur	☐	☐
Nettoyer l'intérieur du congélateur	☐	☐
Nettoyer les interrupteurs	☐	☐
Nettoyer le lave-linge	☐	☐
	☐	☐
	☐	☐
	☐	☐
	☐	☐

Bureau

Nettoyer écran et clavier de l'ordinateur	☐	☐
Classer et ranger les papiers	☐	☐
Sauvegarder l'ordinateur	☐	☐
	☐	☐

     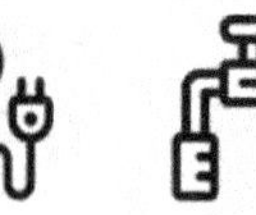 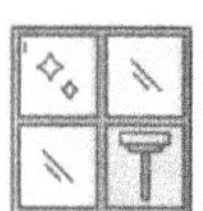

Semaine du …................... Au …........................

Entretien Courant

	Prévu	Fait
Nettoyer le filtre de la hotte aspirante de la cuisine	☐	☐
Nettoyer les dépots calcaires des robinets	☐	☐
Nettoyer les dépots calcaires des pommes de douches	☐	☐
Nettoyer la cuvette des toilettes	☐	☐
Nettoyer les cadres intérieurs des fenêtres	☐	☐
Nettoyer les cadres des portes	☐	☐
Nettoyer en profondeur les appareils électro-ménager	☐	☐
Nettoyer à fond les sols	☐	☐
Nettoyer les grilles de la VMC	☐	☐
Faire la poussière sur les moulures en hauteur	☐	☐
Faire la poussière des cadres	☐	☐
Nettoyer l'intérieur du réfrigérateur	☐	☐
Nettoyer l'intérieur du congélateur	☐	☐
Nettoyer les interrupteurs	☐	☐
Nettoyer le lave-linge	☐	☐
	☐	☐
	☐	☐
	☐	☐
	☐	☐

Bureau

	Prévu	Fait
Nettoyer écran et clavier de l'ordinateur	☐	☐
Classer et ranger les papiers	☐	☐
Sauvegarder l'ordinateur	☐	☐
	☐	☐

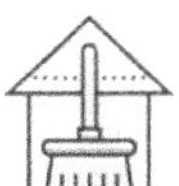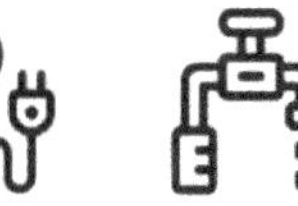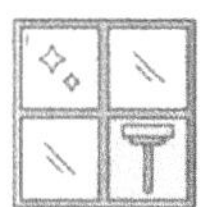

Semaine du …................... Au …........................

Entretien Courant

	Prévu	Fait
Nettoyer le filtre de la hotte aspirante de la cuisine	☐	☐
Nettoyer les dépots calcaires des robinets	☐	☐
Nettoyer les dépots calcaires des pommes de douches	☐	☐
Nettoyer la cuvette des toilettes	☐	☐
Nettoyer les cadres intérieurs des fenêtres	☐	☐
Nettoyer les cadres des portes	☐	☐
Nettoyer en profondeur les appareils électro-ménager	☐	☐
Nettoyer à fond les sols	☐	☐
Nettoyer les grilles de la VMC	☐	☐
Faire la poussière sur les moulures en hauteur	☐	☐
Faire la poussière des cadres	☐	☐
Nettoyer l'intérieur du réfrigérateur	☐	☐
Nettoyer l'intérieur du congélateur	☐	☐
Nettoyer les interrupteurs	☐	☐
Nettoyer le lave-linge	☐	☐
	☐	☐
	☐	☐
	☐	☐
	☐	☐

Bureau

	Prévu	Fait
Nettoyer écran et clavier de l'ordinateur	☐	☐
Classer et ranger les papiers	☐	☐
Sauvegarder l'ordinateur	☐	☐
	☐	☐

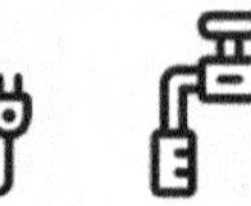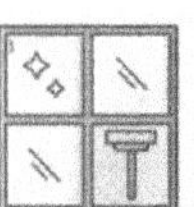

Semaine du ….................. Au ….......................

Entretien Courant

	Prévu	Fait
Nettoyer le filtre de la hotte aspirante de la cuisine	☐	☐
Nettoyer les dépots calcaires des robinets	☐	☐
Nettoyer les dépots calcaires des pommes de douches	☐	☐
Nettoyer la cuvette des toilettes	☐	☐
Nettoyer les cadres intérieurs des fenêtres	☐	☐
Nettoyer les cadres des portes	☐	☐
Nettoyer en profondeur les appareils électro-ménager	☐	☐
Nettoyer à fond les sols	☐	☐
Nettoyer les grilles de la VMC	☐	☐
Faire la poussière sur les moulures en hauteur	☐	☐
Faire la poussière des cadres	☐	☐
Nettoyer l'intérieur du réfrigérateur	☐	☐
Nettoyer l'intérieur du congélateur	☐	☐
Nettoyer les interrupteurs	☐	☐
Nettoyer le lave-linge	☐	☐
	☐	☐
	☐	☐
	☐	☐
	☐	☐

Bureau

	Prévu	Fait
Nettoyer écran et clavier de l'ordinateur	☐	☐
Classer et ranger les papiers	☐	☐
Sauvegarder l'ordinateur	☐	☐
	☐	☐

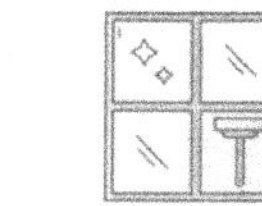

Semaine du …................... Au …........................

Entretien Courant

	Prévu	Fait
Nettoyer le filtre de la hotte aspirante de la cuisine	☐	☐
Nettoyer les dépots calcaires des robinets	☐	☐
Nettoyer les dépots calcaires des pommes de douches	☐	☐
Nettoyer la cuvette des toilettes	☐	☐
Nettoyer les cadres intérieurs des fenêtres	☐	☐
Nettoyer les cadres des portes	☐	☐
Nettoyer en profondeur les appareils électro-ménager	☐	☐
Nettoyer à fond les sols	☐	☐
Nettoyer les grilles de la VMC	☐	☐
Faire la poussière sur les moulures en hauteur	☐	☐
Faire la poussière des cadres	☐	☐
Nettoyer l'intérieur du réfrigérateur	☐	☐
Nettoyer l'intérieur du congélateur	☐	☐
Nettoyer les interrupteurs	☐	☐
Nettoyer le lave-linge	☐	☐
	☐	☐
	☐	☐
	☐	☐
	☐	☐

Bureau

	Prévu	Fait
Nettoyer écran et clavier de l'ordinateur	☐	☐
Classer et ranger les papiers	☐	☐
Sauvegarder l'ordinateur	☐	☐
	☐	☐

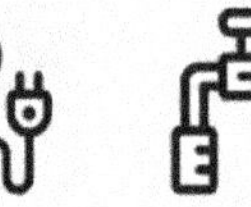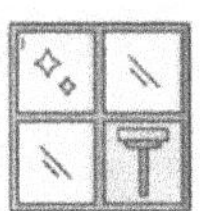

Semaine du …................. Au …......................

Entretien Courant

	Prévu	Fait
Nettoyer le filtre de la hotte aspirante de la cuisine	☐	☐
Nettoyer les dépots calcaires des robinets	☐	☐
Nettoyer les dépots calcaires des pommes de douches	☐	☐
Nettoyer la cuvette des toilettes	☐	☐
Nettoyer les cadres intérieurs des fenêtres	☐	☐
Nettoyer les cadres des portes	☐	☐
Nettoyer en profondeur les appareils électro-ménager	☐	☐
Nettoyer à fond les sols	☐	☐
Nettoyer les grilles de la VMC	☐	☐
Faire la poussière sur les moulures en hauteur	☐	☐
Faire la poussière des cadres	☐	☐
Nettoyer l'intérieur du réfrigérateur	☐	☐
Nettoyer l'intérieur du congélateur	☐	☐
Nettoyer les interrupteurs	☐	☐
Nettoyer le lave-linge	☐	☐
	☐	☐
	☐	☐
	☐	☐
	☐	☐

Bureau

	Prévu	Fait
Nettoyer écran et clavier de l'ordinateur	☐	☐
Classer et ranger les papiers	☐	☐
Sauvegarder l'ordinateur	☐	☐
	☐	☐

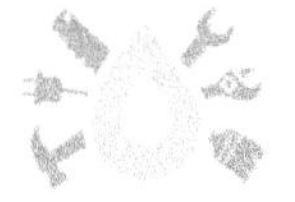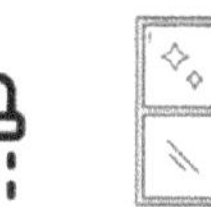

Semaine du …................... Au …........................

Entretien Courant

	Prévu	Fait
Nettoyer le filtre de la hotte aspirante de la cuisine	☐	☐
Nettoyer les dépots calcaires des robinets	☐	☐
Nettoyer les dépots calcaires des pommes de douches	☐	☐
Nettoyer la cuvette des toilettes	☐	☐
Nettoyer les cadres intérieurs des fenêtres	☐	☐
Nettoyer les cadres des portes	☐	☐
Nettoyer en profondeur les appareils électro-ménager	☐	☐
Nettoyer à fond les sols	☐	☐
Nettoyer les grilles de la VMC	☐	☐
Faire la poussière sur les moulures en hauteur	☐	☐
Faire la poussière des cadres	☐	☐
Nettoyer l'intérieur du réfrigérateur	☐	☐
Nettoyer l'intérieur du congélateur	☐	☐
Nettoyer les interrupteurs	☐	☐
Nettoyer le lave-linge	☐	☐
	☐	☐
	☐	☐
	☐	☐
	☐	☐

Bureau

Nettoyer écran et clavier de l'ordinateur	☐	☐
Classer et ranger les papiers	☐	☐
Sauvegarder l'ordinateur	☐	☐
	☐	☐

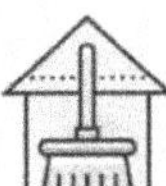       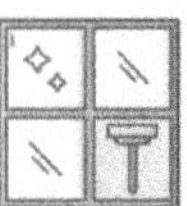

Semaine du …................. Au …........................

Entretien Courant

	Prévu	Fait
Nettoyer le filtre de la hotte aspirante de la cuisine	☐	☐
Nettoyer les dépots calcaires des robinets	☐	☐
Nettoyer les dépots calcaires des pommes de douches	☐	☐
Nettoyer la cuvette des toilettes	☐	☐
Nettoyer les cadres intérieurs des fenêtres	☐	☐
Nettoyer les cadres des portes	☐	☐
Nettoyer en profondeur les appareils électro-ménager	☐	☐
Nettoyer à fond les sols	☐	☐
Nettoyer les grilles de la VMC	☐	☐
Faire la poussière sur les moulures en hauteur	☐	☐
Faire la poussière des cadres	☐	☐
Nettoyer l'intérieur du réfrigérateur	☐	☐
Nettoyer l'intérieur du congélateur	☐	☐
Nettoyer les interrupteurs	☐	☐
Nettoyer le lave-linge	☐	☐
	☐	☐
	☐	☐
	☐	☐
	☐	☐
	☐	☐

Bureau

	Prévu	Fait
Nettoyer écran et clavier de l'ordinateur	☐	☐
Classer et ranger les papiers	☐	☐
Sauvegarder l'ordinateur	☐	☐
	☐	☐

       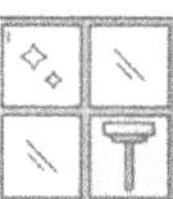

Semaine du …................... Au …........................

Entretien Courant

	Prévu	Fait
Nettoyer le filtre de la hotte aspirante de la cuisine	☐	☐
Nettoyer les dépots calcaires des robinets	☐	☐
Nettoyer les dépots calcaires des pommes de douches	☐	☐
Nettoyer la cuvette des toilettes	☐	☐
Nettoyer les cadres intérieurs des fenêtres	☐	☐
Nettoyer les cadres des portes	☐	☐
Nettoyer en profondeur les appareils électro-ménager	☐	☐
Nettoyer à fond les sols	☐	☐
Nettoyer les grilles de la VMC	☐	☐
Faire la poussière sur les moulures en hauteur	☐	☐
Faire la poussière des cadres	☐	☐
Nettoyer l'intérieur du réfrigérateur	☐	☐
Nettoyer l'intérieur du congélateur	☐	☐
Nettoyer les interrupteurs	☐	☐
Nettoyer le lave-linge	☐	☐
	☐	☐
	☐	☐
	☐	☐
	☐	☐

Bureau

	Prévu	Fait
Nettoyer écran et clavier de l'ordinateur	☐	☐
Classer et ranger les papiers	☐	☐
Sauvegarder l'ordinateur	☐	☐
	☐	☐

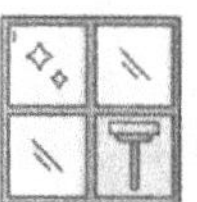

Semaine du …................... Au …........................

Entretien Courant

	Prévu	Fait
Nettoyer le filtre de la hotte aspirante de la cuisine	☐	☐
Nettoyer les dépots calcaires des robinets	☐	☐
Nettoyer les dépots calcaires des pommes de douches	☐	☐
Nettoyer la cuvette des toilettes	☐	☐
Nettoyer les cadres intérieurs des fenêtres	☐	☐
Nettoyer les cadres des portes	☐	☐
Nettoyer en profondeur les appareils électro-ménager	☐	☐
Nettoyer à fond les sols	☐	☐
Nettoyer les grilles de la VMC	☐	☐
Faire la poussière sur les moulures en hauteur	☐	☐
Faire la poussière des cadres	☐	☐
Nettoyer l'intérieur du réfrigérateur	☐	☐
Nettoyer l'intérieur du congélateur	☐	☐
Nettoyer les interrupteurs	☐	☐
Nettoyer le lave-linge	☐	☐
	☐	☐
	☐	☐
	☐	☐
	☐	☐

Bureau

	Prévu	Fait
Nettoyer écran et clavier de l'ordinateur	☐	☐
Classer et ranger les papiers	☐	☐
Sauvegarder l'ordinateur	☐	☐
	☐	☐

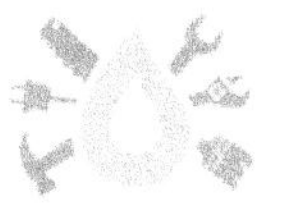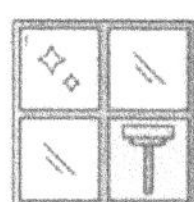

Semaine du ….................. Au …......................

Entretien Courant

	Prévu	Fait
Nettoyer le filtre de la hotte aspirante de la cuisine	☐	☐
Nettoyer les dépots calcaires des robinets	☐	☐
Nettoyer les dépots calcaires des pommes de douches	☐	☐
Nettoyer la cuvette des toilettes	☐	☐
Nettoyer les cadres intérieurs des fenêtres	☐	☐
Nettoyer les cadres des portes	☐	☐
Nettoyer en profondeur les appareils électro-ménager	☐	☐
Nettoyer à fond les sols	☐	☐
Nettoyer les grilles de la VMC	☐	☐
Faire la poussière sur les moulures en hauteur	☐	☐
Faire la poussière des cadres	☐	☐
Nettoyer l'intérieur du réfrigérateur	☐	☐
Nettoyer l'intérieur du congélateur	☐	☐
Nettoyer les interrupteurs	☐	☐
Nettoyer le lave-linge	☐	☐
	☐	☐
	☐	☐
	☐	☐
	☐	☐

Bureau

Nettoyer écran et clavier de l'ordinateur	☐	☐
Classer et ranger les papiers	☐	☐
Sauvegarder l'ordinateur	☐	☐
	☐	☐

       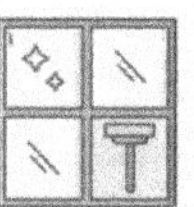

Semaine du …................... Au …........................

Entretien Courant

	Prévu	Fait
Nettoyer le filtre de la hotte aspirante de la cuisine	☐	☐
Nettoyer les dépots calcaires des robinets	☐	☐
Nettoyer les dépots calcaires des pommes de douches	☐	☐
Nettoyer la cuvette des toilettes	☐	☐
Nettoyer les cadres intérieurs des fenêtres	☐	☐
Nettoyer les cadres des portes	☐	☐
Nettoyer en profondeur les appareils électro-ménager	☐	☐
Nettoyer à fond les sols	☐	☐
Nettoyer les grilles de la VMC	☐	☐
Faire la poussière sur les moulures en hauteur	☐	☐
Faire la poussière des cadres	☐	☐
Nettoyer l'intérieur du réfrigérateur	☐	☐
Nettoyer l'intérieur du congélateur	☐	☐
Nettoyer les interrupteurs	☐	☐
Nettoyer le lave-linge	☐	☐
	☐	☐
	☐	☐
	☐	☐
	☐	☐

Bureau

	Prévu	Fait
Nettoyer écran et clavier de l'ordinateur	☐	☐
Classer et ranger les papiers	☐	☐
Sauvegarder l'ordinateur	☐	☐
	☐	☐

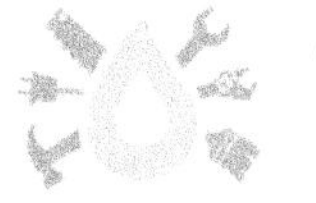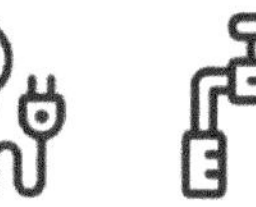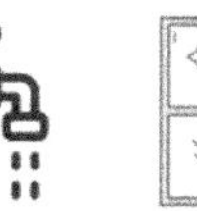

Semaine du …................... Au …........................

Entretien Courant

	Prévu	Fait
Nettoyer le filtre de la hotte aspirante de la cuisine	☐	☐
Nettoyer les dépots calcaires des robinets	☐	☐
Nettoyer les dépots calcaires des pommes de douches	☐	☐
Nettoyer la cuvette des toilettes	☐	☐
Nettoyer les cadres intérieurs des fenêtres	☐	☐
Nettoyer les cadres des portes	☐	☐
Nettoyer en profondeur les appareils électro-ménager	☐	☐
Nettoyer à fond les sols	☐	☐
Nettoyer les grilles de la VMC	☐	☐
Faire la poussière sur les moulures en hauteur	☐	☐
Faire la poussière des cadres	☐	☐
Nettoyer l'intérieur du réfrigérateur	☐	☐
Nettoyer l'intérieur du congélateur	☐	☐
Nettoyer les interrupteurs	☐	☐
Nettoyer le lave-linge	☐	☐
	☐	☐
	☐	☐
	☐	☐
	☐	☐

Bureau

	Prévu	Fait
Nettoyer écran et clavier de l'ordinateur	☐	☐
Classer et ranger les papiers	☐	☐
Sauvegarder l'ordinateur	☐	☐
	☐	☐

       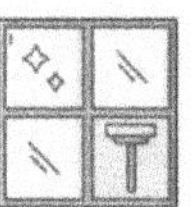

Semaine du …................. Au …..........................

Entretien Courant

	Prévu	Fait
Nettoyer le filtre de la hotte aspirante de la cuisine	☐	☐
Nettoyer les dépots calcaires des robinets	☐	☐
Nettoyer les dépots calcaires des pommes de douches	☐	☐
Nettoyer la cuvette des toilettes	☐	☐
Nettoyer les cadres intérieurs des fenêtres	☐	☐
Nettoyer les cadres des portes	☐	☐
Nettoyer en profondeur les appareils électro-ménager	☐	☐
Nettoyer à fond les sols	☐	☐
Nettoyer les grilles de la VMC	☐	☐
Faire la poussière sur les moulures en hauteur	☐	☐
Faire la poussière des cadres	☐	☐
Nettoyer l'intérieur du réfrigérateur	☐	☐
Nettoyer l'intérieur du congélateur	☐	☐
Nettoyer les interrupteurs	☐	☐
Nettoyer le lave-linge	☐	☐
	☐	☐
	☐	☐
	☐	☐
	☐	☐

Bureau

	Prévu	Fait
Nettoyer écran et clavier de l'ordinateur	☐	☐
Classer et ranger les papiers	☐	☐
Sauvegarder l'ordinateur	☐	☐
	☐	☐

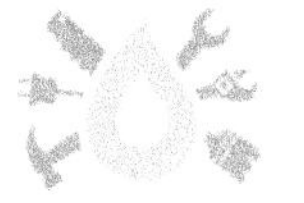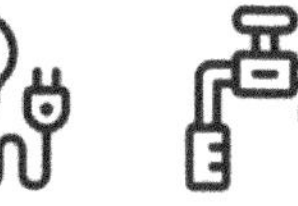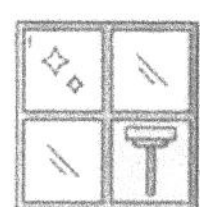

Semaine du ….................. Au ….........................

Entretien Courant

	Prévu	Fait
Nettoyer le filtre de la hotte aspirante de la cuisine	☐	☐
Nettoyer les dépots calcaires des robinets	☐	☐
Nettoyer les dépots calcaires des pommes de douches	☐	☐
Nettoyer la cuvette des toilettes	☐	☐
Nettoyer les cadres intérieurs des fenêtres	☐	☐
Nettoyer les cadres des portes	☐	☐
Nettoyer en profondeur les appareils électro-ménager	☐	☐
Nettoyer à fond les sols	☐	☐
Nettoyer les grilles de la VMC	☐	☐
Faire la poussière sur les moulures en hauteur	☐	☐
Faire la poussière des cadres	☐	☐
Nettoyer l'intérieur du réfrigérateur	☐	☐
Nettoyer l'intérieur du congélateur	☐	☐
Nettoyer les interrupteurs	☐	☐
Nettoyer le lave-linge	☐	☐
	☐	☐
	☐	☐
	☐	☐
	☐	☐

Bureau

	Prévu	Fait
Nettoyer écran et clavier de l'ordinateur	☐	☐
Classer et ranger les papiers	☐	☐
Sauvegarder l'ordinateur	☐	☐
	☐	☐

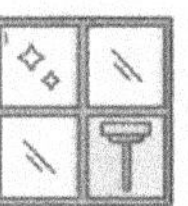

Semaine du …................... Au …........................

Entretien Courant

	Prévu	Fait
Nettoyer le filtre de la hotte aspirante de la cuisine	☐	☐
Nettoyer les dépots calcaires des robinets	☐	☐
Nettoyer les dépots calcaires des pommes de douches	☐	☐
Nettoyer la cuvette des toilettes	☐	☐
Nettoyer les cadres intérieurs des fenêtres	☐	☐
Nettoyer les cadres des portes	☐	☐
Nettoyer en profondeur les appareils électro-ménager	☐	☐
Nettoyer à fond les sols	☐	☐
Nettoyer les grilles de la VMC	☐	☐
Faire la poussière sur les moulures en hauteur	☐	☐
Faire la poussière des cadres	☐	☐
Nettoyer l'intérieur du réfrigérateur	☐	☐
Nettoyer l'intérieur du congélateur	☐	☐
Nettoyer les interrupteurs	☐	☐
Nettoyer le lave-linge	☐	☐
	☐	☐
	☐	☐
	☐	☐
	☐	☐

Bureau

	Prévu	Fait
Nettoyer écran et clavier de l'ordinateur	☐	☐
Classer et ranger les papiers	☐	☐
Sauvegarder l'ordinateur	☐	☐
	☐	☐

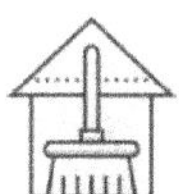    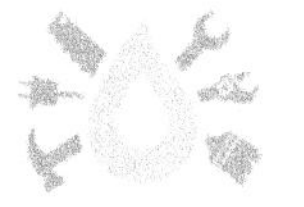   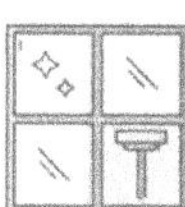

Semaine du …................... Au …........................

Entretien Courant

	Prévu	Fait
Nettoyer le filtre de la hotte aspirante de la cuisine	☐	☐
Nettoyer les dépots calcaires des robinets	☐	☐
Nettoyer les dépots calcaires des pommes de douches	☐	☐
Nettoyer la cuvette des toilettes	☐	☐
Nettoyer les cadres intérieurs des fenêtres	☐	☐
Nettoyer les cadres des portes	☐	☐
Nettoyer en profondeur les appareils électro-ménager	☐	☐
Nettoyer à fond les sols	☐	☐
Nettoyer les grilles de la VMC	☐	☐
Faire la poussière sur les moulures en hauteur	☐	☐
Faire la poussière des cadres	☐	☐
Nettoyer l'intérieur du réfrigérateur	☐	☐
Nettoyer l'intérieur du congélateur	☐	☐
Nettoyer les interrupteurs	☐	☐
Nettoyer le lave-linge	☐	☐
	☐	☐
	☐	☐
	☐	☐
	☐	☐

Bureau

	Prévu	Fait
Nettoyer écran et clavier de l'ordinateur	☐	☐
Classer et ranger les papiers	☐	☐
Sauvegarder l'ordinateur	☐	☐
	☐	☐

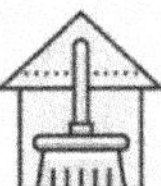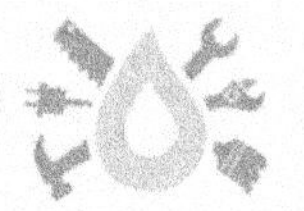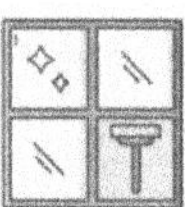

Semaine du ….................. Au ….........................

Entretien Courant

	Prévu	Fait
Nettoyer le filtre de la hotte aspirante de la cuisine	☐	☐
Nettoyer les dépots calcaires des robinets	☐	☐
Nettoyer les dépots calcaires des pommes de douches	☐	☐
Nettoyer la cuvette des toilettes	☐	☐
Nettoyer les cadres intérieurs des fenêtres	☐	☐
Nettoyer les cadres des portes	☐	☐
Nettoyer en profondeur les appareils électro-ménager	☐	☐
Nettoyer à fond les sols	☐	☐
Nettoyer les grilles de la VMC	☐	☐
Faire la poussière sur les moulures en hauteur	☐	☐
Faire la poussière des cadres	☐	☐
Nettoyer l'intérieur du réfrigérateur	☐	☐
Nettoyer l'intérieur du congélateur	☐	☐
Nettoyer les interrupteurs	☐	☐
Nettoyer le lave-linge	☐	☐
	☐	☐
	☐	☐
	☐	☐
	☐	☐

Bureau

	Prévu	Fait
Nettoyer écran et clavier de l'ordinateur	☐	☐
Classer et ranger les papiers	☐	☐
Sauvegarder l'ordinateur	☐	☐
	☐	☐

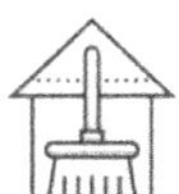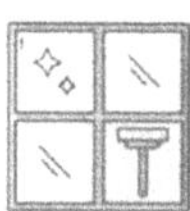

Semaine du …................... Au …........................

Entretien Courant

	Prévu	Fait
Nettoyer le filtre de la hotte aspirante de la cuisine	☐	☐
Nettoyer les dépots calcaires des robinets	☐	☐
Nettoyer les dépots calcaires des pommes de douches	☐	☐
Nettoyer la cuvette des toilettes	☐	☐
Nettoyer les cadres intérieurs des fenêtres	☐	☐
Nettoyer les cadres des portes	☐	☐
Nettoyer en profondeur les appareils électro-ménager	☐	☐
Nettoyer à fond les sols	☐	☐
Nettoyer les grilles de la VMC	☐	☐
Faire la poussière sur les moulures en hauteur	☐	☐
Faire la poussière des cadres	☐	☐
Nettoyer l'intérieur du réfrigérateur	☐	☐
Nettoyer l'intérieur du congélateur	☐	☐
Nettoyer les interrupteurs	☐	☐
Nettoyer le lave-linge	☐	☐
	☐	☐
	☐	☐
	☐	☐
	☐	☐

Bureau

	Prévu	Fait
Nettoyer écran et clavier de l'ordinateur	☐	☐
Classer et ranger les papiers	☐	☐
Sauvegarder l'ordinateur	☐	☐
	☐	☐

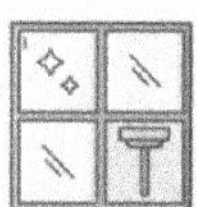

Semaine du …................. Au …........................

Entretien Courant

	Prévu	Fait
Nettoyer le filtre de la hotte aspirante de la cuisine	☐	☐
Nettoyer les dépots calcaires des robinets	☐	☐
Nettoyer les dépots calcaires des pommes de douches	☐	☐
Nettoyer la cuvette des toilettes	☐	☐
Nettoyer les cadres intérieurs des fenêtres	☐	☐
Nettoyer les cadres des portes	☐	☐
Nettoyer en profondeur les appareils électro-ménager	☐	☐
Nettoyer à fond les sols	☐	☐
Nettoyer les grilles de la VMC	☐	☐
Faire la poussière sur les moulures en hauteur	☐	☐
Faire la poussière des cadres	☐	☐
Nettoyer l'intérieur du réfrigérateur	☐	☐
Nettoyer l'intérieur du congélateur	☐	☐
Nettoyer les interrupteurs	☐	☐
Nettoyer le lave-linge	☐	☐
	☐	☐
	☐	☐
	☐	☐
	☐	☐

Bureau

	Prévu	Fait
Nettoyer écran et clavier de l'ordinateur	☐	☐
Classer et ranger les papiers	☐	☐
Sauvegarder l'ordinateur	☐	☐
	☐	☐

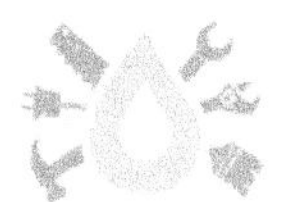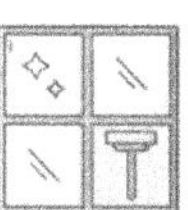

Semaine du …................... Au …...........................

Entretien Courant

	Prévu	Fait
Nettoyer le filtre de la hotte aspirante de la cuisine	☐	☐
Nettoyer les dépots calcaires des robinets	☐	☐
Nettoyer les dépots calcaires des pommes de douches	☐	☐
Nettoyer la cuvette des toilettes	☐	☐
Nettoyer les cadres intérieurs des fenêtres	☐	☐
Nettoyer les cadres des portes	☐	☐
Nettoyer en profondeur les appareils électro-ménager	☐	☐
Nettoyer à fond les sols	☐	☐
Nettoyer les grilles de la VMC	☐	☐
Faire la poussière sur les moulures en hauteur	☐	☐
Faire la poussière des cadres	☐	☐
Nettoyer l'intérieur du réfrigérateur	☐	☐
Nettoyer l'intérieur du congélateur	☐	☐
Nettoyer les interrupteurs	☐	☐
Nettoyer le lave-linge	☐	☐
	☐	☐
	☐	☐
	☐	☐
	☐	☐

Bureau

	Prévu	Fait
Nettoyer écran et clavier de l'ordinateur	☐	☐
Classer et ranger les papiers	☐	☐
Sauvegarder l'ordinateur	☐	☐
	☐	☐

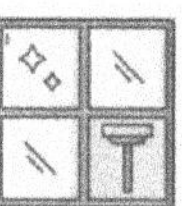

Semaine du …................. Au …........................

Entretien Courant

	Prévu	Fait
Nettoyer le filtre de la hotte aspirante de la cuisine	☐	☐
Nettoyer les dépots calcaires des robinets	☐	☐
Nettoyer les dépots calcaires des pommes de douches	☐	☐
Nettoyer la cuvette des toilettes	☐	☐
Nettoyer les cadres intérieurs des fenêtres	☐	☐
Nettoyer les cadres des portes	☐	☐
Nettoyer en profondeur les appareils électro-ménager	☐	☐
Nettoyer à fond les sols	☐	☐
Nettoyer les grilles de la VMC	☐	☐
Faire la poussière sur les moulures en hauteur	☐	☐
Faire la poussière des cadres	☐	☐
Nettoyer l'intérieur du réfrigérateur	☐	☐
Nettoyer l'intérieur du congélateur	☐	☐
Nettoyer les interrupteurs	☐	☐
Nettoyer le lave-linge	☐	☐
	☐	☐
	☐	☐
	☐	☐
	☐	☐

Bureau

	Prévu	Fait
Nettoyer écran et clavier de l'ordinateur	☐	☐
Classer et ranger les papiers	☐	☐
Sauvegarder l'ordinateur	☐	☐
	☐	☐

     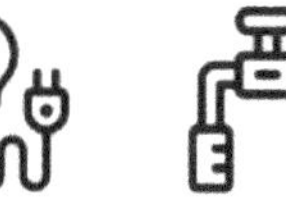 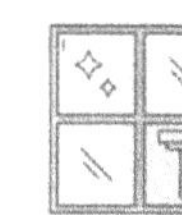

Semaine du …................... Au …........................

Entretien Courant

	Prévu	Fait
Nettoyer le filtre de la hotte aspirante de la cuisine	☐	☐
Nettoyer les dépots calcaires des robinets	☐	☐
Nettoyer les dépots calcaires des pommes de douches	☐	☐
Nettoyer la cuvette des toilettes	☐	☐
Nettoyer les cadres intérieurs des fenêtres	☐	☐
Nettoyer les cadres des portes	☐	☐
Nettoyer en profondeur les appareils électro-ménager	☐	☐
Nettoyer à fond les sols	☐	☐
Nettoyer les grilles de la VMC	☐	☐
Faire la poussière sur les moulures en hauteur	☐	☐
Faire la poussière des cadres	☐	☐
Nettoyer l'intérieur du réfrigérateur	☐	☐
Nettoyer l'intérieur du congélateur	☐	☐
Nettoyer les interrupteurs	☐	☐
Nettoyer le lave-linge	☐	☐
	☐	☐
	☐	☐
	☐	☐
	☐	☐

Bureau

	Prévu	Fait
Nettoyer écran et clavier de l'ordinateur	☐	☐
Classer et ranger les papiers	☐	☐
Sauvegarder l'ordinateur	☐	☐
	☐	☐

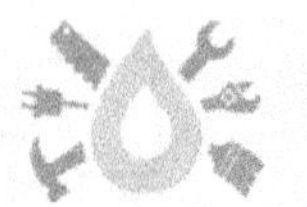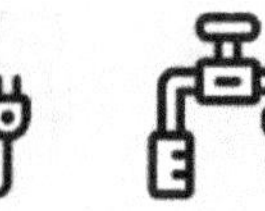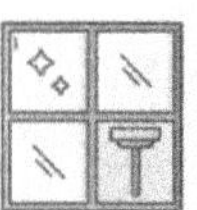

Semaine du ….................. Au …........................

Entretien Courant

	Prévu	Fait
Nettoyer le filtre de la hotte aspirante de la cuisine	☐	☐
Nettoyer les dépots calcaires des robinets	☐	☐
Nettoyer les dépots calcaires des pommes de douches	☐	☐
Nettoyer la cuvette des toilettes	☐	☐
Nettoyer les cadres intérieurs des fenêtres	☐	☐
Nettoyer les cadres des portes	☐	☐
Nettoyer en profondeur les appareils électro-ménager	☐	☐
Nettoyer à fond les sols	☐	☐
Nettoyer les grilles de la VMC	☐	☐
Faire la poussière sur les moulures en hauteur	☐	☐
Faire la poussière des cadres	☐	☐
Nettoyer l'intérieur du réfrigérateur	☐	☐
Nettoyer l'intérieur du congélateur	☐	☐
Nettoyer les interrupteurs	☐	☐
Nettoyer le lave-linge	☐	☐
	☐	☐
	☐	☐
	☐	☐
	☐	☐

Bureau

	Prévu	Fait
Nettoyer écran et clavier de l'ordinateur	☐	☐
Classer et ranger les papiers	☐	☐
Sauvegarder l'ordinateur	☐	☐
	☐	☐

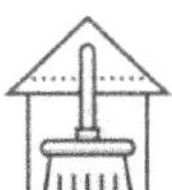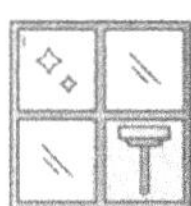

Semaine du ….................. Au …........................

Entretien Courant

	Prévu	Fait
Nettoyer le filtre de la hotte aspirante de la cuisine	☐	☐
Nettoyer les dépots calcaires des robinets	☐	☐
Nettoyer les dépots calcaires des pommes de douches	☐	☐
Nettoyer la cuvette des toilettes	☐	☐
Nettoyer les cadres intérieurs des fenêtres	☐	☐
Nettoyer les cadres des portes	☐	☐
Nettoyer en profondeur les appareils électro-ménager	☐	☐
Nettoyer à fond les sols	☐	☐
Nettoyer les grilles de la VMC	☐	☐
Faire la poussière sur les moulures en hauteur	☐	☐
Faire la poussière des cadres	☐	☐
Nettoyer l'intérieur du réfrigérateur	☐	☐
Nettoyer l'intérieur du congélateur	☐	☐
Nettoyer les interrupteurs	☐	☐
Nettoyer le lave-linge	☐	☐
	☐	☐
	☐	☐
	☐	☐
	☐	☐

Bureau

	Prévu	Fait
Nettoyer écran et clavier de l'ordinateur	☐	☐
Classer et ranger les papiers	☐	☐
Sauvegarder l'ordinateur	☐	☐
	☐	☐

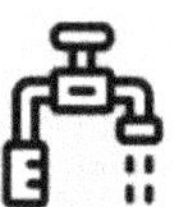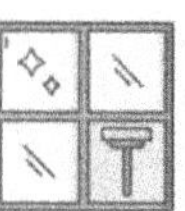

Semaine du ….................. Au ….......................

Entretien Courant

	Prévu	Fait
Nettoyer le filtre de la hotte aspirante de la cuisine	☐	☐
Nettoyer les dépots calcaires des robinets	☐	☐
Nettoyer les dépots calcaires des pommes de douches	☐	☐
Nettoyer la cuvette des toilettes	☐	☐
Nettoyer les cadres intérieurs des fenêtres	☐	☐
Nettoyer les cadres des portes	☐	☐
Nettoyer en profondeur les appareils électro-ménager	☐	☐
Nettoyer à fond les sols	☐	☐
Nettoyer les grilles de la VMC	☐	☐
Faire la poussière sur les moulures en hauteur	☐	☐
Faire la poussière des cadres	☐	☐
Nettoyer l'intérieur du réfrigérateur	☐	☐
Nettoyer l'intérieur du congélateur	☐	☐
Nettoyer les interrupteurs	☐	☐
Nettoyer le lave-linge	☐	☐
	☐	☐
	☐	☐
	☐	☐
	☐	☐

Bureau

	Prévu	Fait
Nettoyer écran et clavier de l'ordinateur	☐	☐
Classer et ranger les papiers	☐	☐
Sauvegarder l'ordinateur	☐	☐
	☐	☐

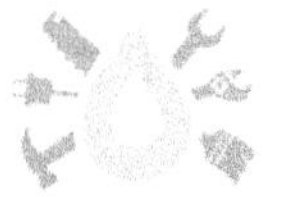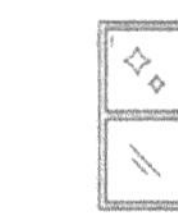

Semaine du …................... Au …........................

Entretien Courant

	Prévu	Fait
Nettoyer le filtre de la hotte aspirante de la cuisine	☐	☐
Nettoyer les dépots calcaires des robinets	☐	☐
Nettoyer les dépots calcaires des pommes de douches	☐	☐
Nettoyer la cuvette des toilettes	☐	☐
Nettoyer les cadres intérieurs des fenêtres	☐	☐
Nettoyer les cadres des portes	☐	☐
Nettoyer en profondeur les appareils électro-ménager	☐	☐
Nettoyer à fond les sols	☐	☐
Nettoyer les grilles de la VMC	☐	☐
Faire la poussière sur les moulures en hauteur	☐	☐
Faire la poussière des cadres	☐	☐
Nettoyer l'intérieur du réfrigérateur	☐	☐
Nettoyer l'intérieur du congélateur	☐	☐
Nettoyer les interrupteurs	☐	☐
Nettoyer le lave-linge	☐	☐
	☐	☐
	☐	☐
	☐	☐
	☐	☐

Bureau

	Prévu	Fait
Nettoyer écran et clavier de l'ordinateur	☐	☐
Classer et ranger les papiers	☐	☐
Sauvegarder l'ordinateur	☐	☐
	☐	☐

       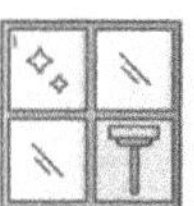

Semaine du …................... Au …......................

Entretien Courant

	Prévu	Fait
Nettoyer le filtre de la hotte aspirante de la cuisine	☐	☐
Nettoyer les dépots calcaires des robinets	☐	☐
Nettoyer les dépots calcaires des pommes de douches	☐	☐
Nettoyer la cuvette des toilettes	☐	☐
Nettoyer les cadres intérieurs des fenêtres	☐	☐
Nettoyer les cadres des portes	☐	☐
Nettoyer en profondeur les appareils électro-ménager	☐	☐
Nettoyer à fond les sols	☐	☐
Nettoyer les grilles de la VMC	☐	☐
Faire la poussière sur les moulures en hauteur	☐	☐
Faire la poussière des cadres	☐	☐
Nettoyer l'intérieur du réfrigérateur	☐	☐
Nettoyer l'intérieur du congélateur	☐	☐
Nettoyer les interrupteurs	☐	☐
Nettoyer le lave-linge	☐	☐
	☐	☐
	☐	☐
	☐	☐
	☐	☐

Bureau

Nettoyer écran et clavier de l'ordinateur	☐	☐
Classer et ranger les papiers	☐	☐
Sauvegarder l'ordinateur	☐	☐
	☐	☐

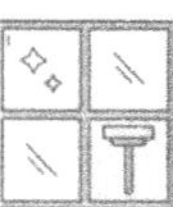

Semaine du …................... Au …........................

Entretien Courant

	Prévu	Fait
Nettoyer le filtre de la hotte aspirante de la cuisine	☐	☐
Nettoyer les dépots calcaires des robinets	☐	☐
Nettoyer les dépots calcaires des pommes de douches	☐	☐
Nettoyer la cuvette des toilettes	☐	☐
Nettoyer les cadres intérieurs des fenêtres	☐	☐
Nettoyer les cadres des portes	☐	☐
Nettoyer en profondeur les appareils électro-ménager	☐	☐
Nettoyer à fond les sols	☐	☐
Nettoyer les grilles de la VMC	☐	☐
Faire la poussière sur les moulures en hauteur	☐	☐
Faire la poussière des cadres	☐	☐
Nettoyer l'intérieur du réfrigérateur	☐	☐
Nettoyer l'intérieur du congélateur	☐	☐
Nettoyer les interrupteurs	☐	☐
Nettoyer le lave-linge	☐	☐
	☐	☐
	☐	☐
	☐	☐
	☐	☐

Bureau

Nettoyer écran et clavier de l'ordinateur	☐	☐
Classer et ranger les papiers	☐	☐
Sauvegarder l'ordinateur	☐	☐
	☐	☐

     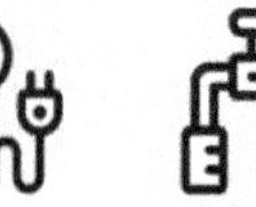 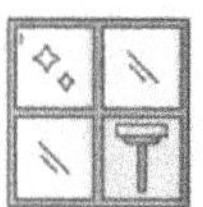

Semaine du …................... Au …........................

Entretien Courant

	Prévu	Fait
Nettoyer le filtre de la hotte aspirante de la cuisine	☐	☐
Nettoyer les dépots calcaires des robinets	☐	☐
Nettoyer les dépots calcaires des pommes de douches	☐	☐
Nettoyer la cuvette des toilettes	☐	☐
Nettoyer les cadres intérieurs des fenêtres	☐	☐
Nettoyer les cadres des portes	☐	☐
Nettoyer en profondeur les appareils électro-ménager	☐	☐
Nettoyer à fond les sols	☐	☐
Nettoyer les grilles de la VMC	☐	☐
Faire la poussière sur les moulures en hauteur	☐	☐
Faire la poussière des cadres	☐	☐
Nettoyer l'intérieur du réfrigérateur	☐	☐
Nettoyer l'intérieur du congélateur	☐	☐
Nettoyer les interrupteurs	☐	☐
Nettoyer le lave-linge	☐	☐
	☐	☐
	☐	☐
	☐	☐
	☐	☐
	☐	☐

Bureau

	Prévu	Fait
Nettoyer écran et clavier de l'ordinateur	☐	☐
Classer et ranger les papiers	☐	☐
Sauvegarder l'ordinateur	☐	☐
	☐	☐

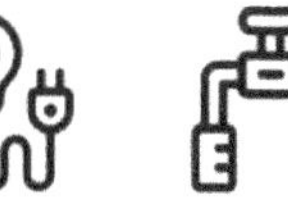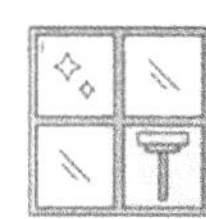

Semaine du ….................. Au …........................

Entretien Courant

	Prévu	Fait
Nettoyer le filtre de la hotte aspirante de la cuisine	☐	☐
Nettoyer les dépots calcaires des robinets	☐	☐
Nettoyer les dépots calcaires des pommes de douches	☐	☐
Nettoyer la cuvette des toilettes	☐	☐
Nettoyer les cadres intérieurs des fenêtres	☐	☐
Nettoyer les cadres des portes	☐	☐
Nettoyer en profondeur les appareils électro-ménager	☐	☐
Nettoyer à fond les sols	☐	☐
Nettoyer les grilles de la VMC	☐	☐
Faire la poussière sur les moulures en hauteur	☐	☐
Faire la poussière des cadres	☐	☐
Nettoyer l'intérieur du réfrigérateur	☐	☐
Nettoyer l'intérieur du congélateur	☐	☐
Nettoyer les interrupteurs	☐	☐
Nettoyer le lave-linge	☐	☐
	☐	☐
	☐	☐
	☐	☐
	☐	☐

Bureau

	Prévu	Fait
Nettoyer écran et clavier de l'ordinateur	☐	☐
Classer et ranger les papiers	☐	☐
Sauvegarder l'ordinateur	☐	☐
	☐	☐

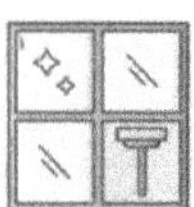

Semaine du …..................... Au …........................

Entretien Courant

	Prévu	Fait
Nettoyer le filtre de la hotte aspirante de la cuisine	☐	☐
Nettoyer les dépots calcaires des robinets	☐	☐
Nettoyer les dépots calcaires des pommes de douches	☐	☐
Nettoyer la cuvette des toilettes	☐	☐
Nettoyer les cadres intérieurs des fenêtres	☐	☐
Nettoyer les cadres des portes	☐	☐
Nettoyer en profondeur les appareils électro-ménager	☐	☐
Nettoyer à fond les sols	☐	☐
Nettoyer les grilles de la VMC	☐	☐
Faire la poussière sur les moulures en hauteur	☐	☐
Faire la poussière des cadres	☐	☐
Nettoyer l'intérieur du réfrigérateur	☐	☐
Nettoyer l'intérieur du congélateur	☐	☐
Nettoyer les interrupteurs	☐	☐
Nettoyer le lave-linge	☐	☐
	☐	☐
	☐	☐
	☐	☐
	☐	☐

Bureau

	Prévu	Fait
Nettoyer écran et clavier de l'ordinateur	☐	☐
Classer et ranger les papiers	☐	☐
Sauvegarder l'ordinateur	☐	☐
	☐	☐

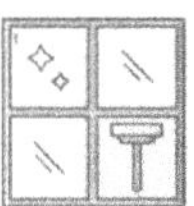

Semaine du …................... Au …........................

Entretien Courant

	Prévu	Fait
Nettoyer le filtre de la hotte aspirante de la cuisine	☐	☐
Nettoyer les dépots calcaires des robinets	☐	☐
Nettoyer les dépots calcaires des pommes de douches	☐	☐
Nettoyer la cuvette des toilettes	☐	☐
Nettoyer les cadres intérieurs des fenêtres	☐	☐
Nettoyer les cadres des portes	☐	☐
Nettoyer en profondeur les appareils électro-ménager	☐	☐
Nettoyer à fond les sols	☐	☐
Nettoyer les grilles de la VMC	☐	☐
Faire la poussière sur les moulures en hauteur	☐	☐
Faire la poussière des cadres	☐	☐
Nettoyer l'intérieur du réfrigérateur	☐	☐
Nettoyer l'intérieur du congélateur	☐	☐
Nettoyer les interrupteurs	☐	☐
Nettoyer le lave-linge	☐	☐
	☐	☐
	☐	☐
	☐	☐
	☐	☐

Bureau

	Prévu	Fait
Nettoyer écran et clavier de l'ordinateur	☐	☐
Classer et ranger les papiers	☐	☐
Sauvegarder l'ordinateur	☐	☐
	☐	☐

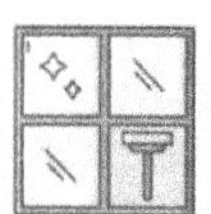

Semaine du …....................... **Au** …........................

Entretien Courant

	Prévu	Fait
Nettoyer le filtre de la hotte aspirante de la cuisine	☐	☐
Nettoyer les dépots calcaires des robinets	☐	☐
Nettoyer les dépots calcaires des pommes de douches	☐	☐
Nettoyer la cuvette des toilettes	☐	☐
Nettoyer les cadres intérieurs des fenêtres	☐	☐
Nettoyer les cadres des portes	☐	☐
Nettoyer en profondeur les appareils électro-ménager	☐	☐
Nettoyer à fond les sols	☐	☐
Nettoyer les grilles de la VMC	☐	☐
Faire la poussière sur les moulures en hauteur	☐	☐
Faire la poussière des cadres	☐	☐
Nettoyer l'intérieur du réfrigérateur	☐	☐
Nettoyer l'intérieur du congélateur	☐	☐
Nettoyer les interrupteurs	☐	☐
Nettoyer le lave-linge	☐	☐
	☐	☐
	☐	☐
	☐	☐
	☐	☐

Bureau

	Prévu	Fait
Nettoyer écran et clavier de l'ordinateur	☐	☐
Classer et ranger les papiers	☐	☐
Sauvegarder l'ordinateur	☐	☐
	☐	☐

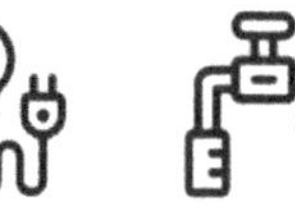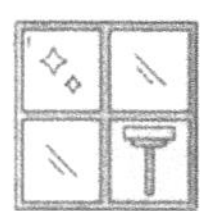

Semaine du …................... Au …........................

Entretien Courant

	Prévu	Fait
Nettoyer le filtre de la hotte aspirante de la cuisine	☐	☐
Nettoyer les dépots calcaires des robinets	☐	☐
Nettoyer les dépots calcaires des pommes de douches	☐	☐
Nettoyer la cuvette des toilettes	☐	☐
Nettoyer les cadres intérieurs des fenêtres	☐	☐
Nettoyer les cadres des portes	☐	☐
Nettoyer en profondeur les appareils électro-ménager	☐	☐
Nettoyer à fond les sols	☐	☐
Nettoyer les grilles de la VMC	☐	☐
Faire la poussière sur les moulures en hauteur	☐	☐
Faire la poussière des cadres	☐	☐
Nettoyer l'intérieur du réfrigérateur	☐	☐
Nettoyer l'intérieur du congélateur	☐	☐
Nettoyer les interrupteurs	☐	☐
Nettoyer le lave-linge	☐	☐
	☐	☐
	☐	☐
	☐	☐
	☐	☐

Bureau

	Prévu	Fait
Nettoyer écran et clavier de l'ordinateur	☐	☐
Classer et ranger les papiers	☐	☐
Sauvegarder l'ordinateur	☐	☐
	☐	☐

    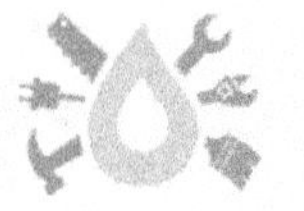   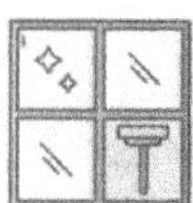

Semaine du …................. Au …........................

Entretien Courant

	Prévu	Fait
Nettoyer le filtre de la hotte aspirante de la cuisine	☐	☐
Nettoyer les dépots calcaires des robinets	☐	☐
Nettoyer les dépots calcaires des pommes de douches	☐	☐
Nettoyer la cuvette des toilettes	☐	☐
Nettoyer les cadres intérieurs des fenêtres	☐	☐
Nettoyer les cadres des portes	☐	☐
Nettoyer en profondeur les appareils électro-ménager	☐	☐
Nettoyer à fond les sols	☐	☐
Nettoyer les grilles de la VMC	☐	☐
Faire la poussière sur les moulures en hauteur	☐	☐
Faire la poussière des cadres	☐	☐
Nettoyer l'intérieur du réfrigérateur	☐	☐
Nettoyer l'intérieur du congélateur	☐	☐
Nettoyer les interrupteurs	☐	☐
Nettoyer le lave-linge	☐	☐
	☐	☐
	☐	☐
	☐	☐
	☐	☐

Bureau

	Prévu	Fait
Nettoyer écran et clavier de l'ordinateur	☐	☐
Classer et ranger les papiers	☐	☐
Sauvegarder l'ordinateur	☐	☐
	☐	☐

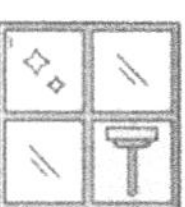

Semaine du …................... Au …........................

Entretien Courant

	Prévu	Fait
Nettoyer le filtre de la hotte aspirante de la cuisine	☐	☐
Nettoyer les dépots calcaires des robinets	☐	☐
Nettoyer les dépots calcaires des pommes de douches	☐	☐
Nettoyer la cuvette des toilettes	☐	☐
Nettoyer les cadres intérieurs des fenêtres	☐	☐
Nettoyer les cadres des portes	☐	☐
Nettoyer en profondeur les appareils électro-ménager	☐	☐
Nettoyer à fond les sols	☐	☐
Nettoyer les grilles de la VMC	☐	☐
Faire la poussière sur les moulures en hauteur	☐	☐
Faire la poussière des cadres	☐	☐
Nettoyer l'intérieur du réfrigérateur	☐	☐
Nettoyer l'intérieur du congélateur	☐	☐
Nettoyer les interrupteurs	☐	☐
Nettoyer le lave-linge	☐	☐
	☐	☐
	☐	☐
	☐	☐
	☐	☐

Bureau

	Prévu	Fait
Nettoyer écran et clavier de l'ordinateur	☐	☐
Classer et ranger les papiers	☐	☐
Sauvegarder l'ordinateur	☐	☐
	☐	☐

      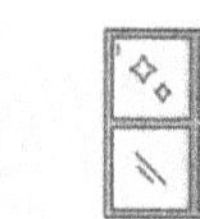

Semaine du …................. Au …......................

Entretien Courant

	Prévu	Fait
Nettoyer le filtre de la hotte aspirante de la cuisine	☐	☐
Nettoyer les dépots calcaires des robinets	☐	☐
Nettoyer les dépots calcaires des pommes de douches	☐	☐
Nettoyer la cuvette des toilettes	☐	☐
Nettoyer les cadres intérieurs des fenêtres	☐	☐
Nettoyer les cadres des portes	☐	☐
Nettoyer en profondeur les appareils électro-ménager	☐	☐
Nettoyer à fond les sols	☐	☐
Nettoyer les grilles de la VMC	☐	☐
Faire la poussière sur les moulures en hauteur	☐	☐
Faire la poussière des cadres	☐	☐
Nettoyer l'intérieur du réfrigérateur	☐	☐
Nettoyer l'intérieur du congélateur	☐	☐
Nettoyer les interrupteurs	☐	☐
Nettoyer le lave-linge	☐	☐
	☐	☐
	☐	☐
	☐	☐
	☐	☐

Bureau

	Prévu	Fait
Nettoyer écran et clavier de l'ordinateur	☐	☐
Classer et ranger les papiers	☐	☐
Sauvegarder l'ordinateur	☐	☐
	☐	☐

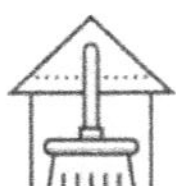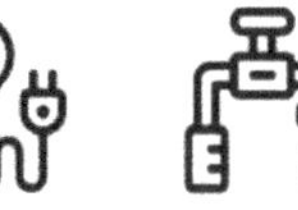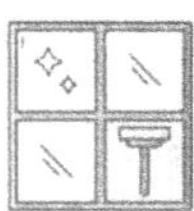

Semaine du …................... Au …........................

Entretien Courant

	Prévu	Fait
Nettoyer le filtre de la hotte aspirante de la cuisine	☐	☐
Nettoyer les dépots calcaires des robinets	☐	☐
Nettoyer les dépots calcaires des pommes de douches	☐	☐
Nettoyer la cuvette des toilettes	☐	☐
Nettoyer les cadres intérieurs des fenêtres	☐	☐
Nettoyer les cadres des portes	☐	☐
Nettoyer en profondeur les appareils électro-ménager	☐	☐
Nettoyer à fond les sols	☐	☐
Nettoyer les grilles de la VMC	☐	☐
Faire la poussière sur les moulures en hauteur	☐	☐
Faire la poussière des cadres	☐	☐
Nettoyer l'intérieur du réfrigérateur	☐	☐
Nettoyer l'intérieur du congélateur	☐	☐
Nettoyer les interrupteurs	☐	☐
Nettoyer le lave-linge	☐	☐
	☐	☐
	☐	☐
	☐	☐
	☐	☐

Bureau

	Prévu	Fait
Nettoyer écran et clavier de l'ordinateur	☐	☐
Classer et ranger les papiers	☐	☐
Sauvegarder l'ordinateur	☐	☐
	☐	☐

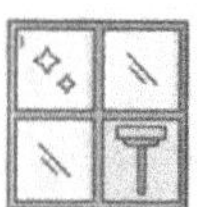

Semaine du …................. Au …......................

Entretien Courant

	Prévu	Fait
Nettoyer le filtre de la hotte aspirante de la cuisine	☐	☐
Nettoyer les dépots calcaires des robinets	☐	☐
Nettoyer les dépots calcaires des pommes de douches	☐	☐
Nettoyer la cuvette des toilettes	☐	☐
Nettoyer les cadres intérieurs des fenêtres	☐	☐
Nettoyer les cadres des portes	☐	☐
Nettoyer en profondeur les appareils électro-ménager	☐	☐
Nettoyer à fond les sols	☐	☐
Nettoyer les grilles de la VMC	☐	☐
Faire la poussière sur les moulures en hauteur	☐	☐
Faire la poussière des cadres	☐	☐
Nettoyer l'intérieur du réfrigérateur	☐	☐
Nettoyer l'intérieur du congélateur	☐	☐
Nettoyer les interrupteurs	☐	☐
Nettoyer le lave-linge	☐	☐
	☐	☐
	☐	☐
	☐	☐
	☐	☐

Bureau

	Prévu	Fait
Nettoyer écran et clavier de l'ordinateur	☐	☐
Classer et ranger les papiers	☐	☐
Sauvegarder l'ordinateur	☐	☐
	☐	☐

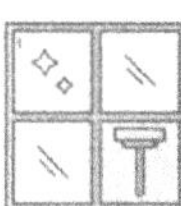

Semaine du …................... Au …........................

Entretien Courant

	Prévu	Fait
Nettoyer le filtre de la hotte aspirante de la cuisine	☐	☐
Nettoyer les dépots calcaires des robinets	☐	☐
Nettoyer les dépots calcaires des pommes de douches	☐	☐
Nettoyer la cuvette des toilettes	☐	☐
Nettoyer les cadres intérieurs des fenêtres	☐	☐
Nettoyer les cadres des portes	☐	☐
Nettoyer en profondeur les appareils électro-ménager	☐	☐
Nettoyer à fond les sols	☐	☐
Nettoyer les grilles de la VMC	☐	☐
Faire la poussière sur les moulures en hauteur	☐	☐
Faire la poussière des cadres	☐	☐
Nettoyer l'intérieur du réfrigérateur	☐	☐
Nettoyer l'intérieur du congélateur	☐	☐
Nettoyer les interrupteurs	☐	☐
Nettoyer le lave-linge	☐	☐
	☐	☐
	☐	☐
	☐	☐
	☐	☐

Bureau

	Prévu	Fait
Nettoyer écran et clavier de l'ordinateur	☐	☐
Classer et ranger les papiers	☐	☐
Sauvegarder l'ordinateur	☐	☐
	☐	☐

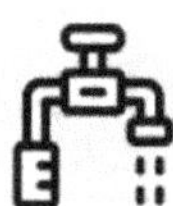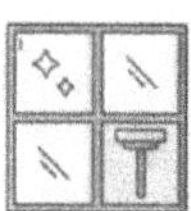

Semaine du …................. Au …......................

Entretien Courant

	Prévu	Fait
Nettoyer le filtre de la hotte aspirante de la cuisine	☐	☐
Nettoyer les dépots calcaires des robinets	☐	☐
Nettoyer les dépots calcaires des pommes de douches	☐	☐
Nettoyer la cuvette des toilettes	☐	☐
Nettoyer les cadres intérieurs des fenêtres	☐	☐
Nettoyer les cadres des portes	☐	☐
Nettoyer en profondeur les appareils électro-ménager	☐	☐
Nettoyer à fond les sols	☐	☐
Nettoyer les grilles de la VMC	☐	☐
Faire la poussière sur les moulures en hauteur	☐	☐
Faire la poussière des cadres	☐	☐
Nettoyer l'intérieur du réfrigérateur	☐	☐
Nettoyer l'intérieur du congélateur	☐	☐
Nettoyer les interrupteurs	☐	☐
Nettoyer le lave-linge	☐	☐
	☐	☐
	☐	☐
	☐	☐
	☐	☐

Bureau

	Prévu	Fait
Nettoyer écran et clavier de l'ordinateur	☐	☐
Classer et ranger les papiers	☐	☐
Sauvegarder l'ordinateur	☐	☐
	☐	☐

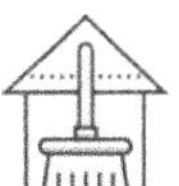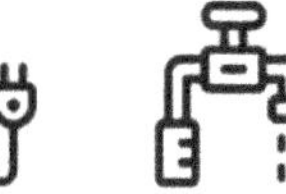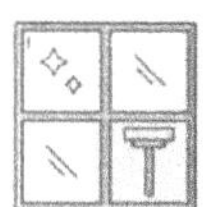

Mois de ….................................

Entretien Bi-Annuel

	Prévu	Fait
Nettoyer et dépoussiérer les convecteurs ou les radiateurs	☐	☐
Nettoyer les vitres intérieures	☐	☐
Nettoyer les tapis	☐	☐
Nettoyer l'intérieur des placards de la cuisine	☐	☐
Laver ou nettoyer les rideaux et les stores	☐	☐
Changer le filtre de la hotte aspirante de la cuisine	☐	☐
Retourner le matelas	☐	☐
	☐	☐
	☐	☐
Vérifier filtre du lave-vaisselle	☐	☐
Vérifier filtre du lave-linge	☐	☐
Vérifier l'entretien de la chaudière	☐	☐
Vérifier la bonne fermeture des robinets	☐	☐
Vérifier l'interphone - visiophone	☐	☐
Vérifier l'humidité des murs et des plafonds	☐	☐
	☐	☐
Ponctuel	☐	☐
Vérifier et remplacer les ampoules	☐	☐
Vérifier les prises de courants	☐	☐
	☐	☐
	☐	☐
	☐	☐
	☐	☐
	☐	☐
	☐	☐

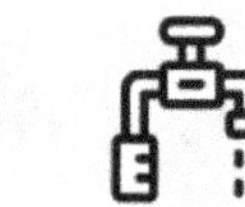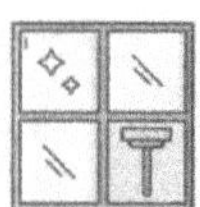

Mois de …...............................

Entretien Bi-Annuel

	Prévu	Fait
Nettoyer et dépoussiérer les convecteurs ou les radiateurs	☐	☐
Nettoyer les vitres intérieures	☐	☐
Nettoyer les tapis	☐	☐
Nettoyer l'intérieur des placards de la cuisine	☐	☐
Laver ou nettoyer les rideaux et les stores	☐	☐
Changer le filtre de la hotte aspirante de la cuisine	☐	☐
Retourner le matelas	☐	☐
	☐	☐
	☐	☐
Vérifier filtre du lave-vaisselle	☐	☐
Vérifier filtre du lave-linge	☐	☐
Vérifier l'entretien de la chaudière	☐	☐
Vérifier la bonne fermeture des robinets	☐	☐
Vérifier l'interphone - visiophone	☐	☐
Vérifier l'humidité des murs et des plafonds	☐	☐
	☐	☐
Ponctuel	☐	☐
Vérifier et remplacer les ampoules	☐	☐
Vérifier les prises de courants	☐	☐
	☐	☐
	☐	☐
	☐	☐
	☐	☐
	☐	☐

      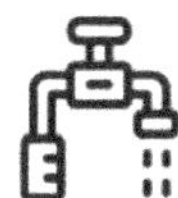 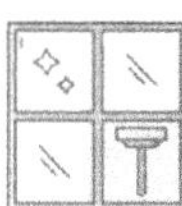

Année …......................................

Entretien Annuel

	Prévu	Fait
Vérifier les portes intérieures et huiler les gonds	☐	☐
Vérifier serrures et poignées	☐	☐
Vérifier le chauffe-eau	☐	☐
Vérifier la chaudière - contrat entretien	☐	☐
Tester les alarmes incendie	☐	☐
Tester le système d'alarme sécurité	☐	☐
Nettoyer la grille extérieur du réfrigérateur	☐	☐
Nettoyer la grille extérieur du congélateur	☐	☐
Vérifier et Changer si nécessaire le filtre d'air climatisé	☐	☐
Ramoner la cheminée	☐	☐
	☐	☐
Jeter les appareils électroménagers cassés ou irréparables	☐	☐
Mettre de côté bibelots et accessoires à jeter ou à donner	☐	☐
Trier les magazine et journaux	☐	☐
Trier les vêtements à donner ou à jeter	☐	☐
Trier les chaussures à donner ou à jeter	☐	☐
	☐	☐
	☐	☐
	☐	☐
	☐	☐
	☐	☐
	☐	☐
	☐	☐
	☐	☐

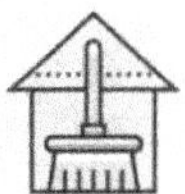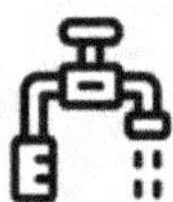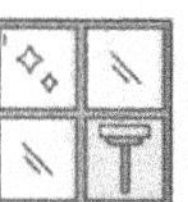

Notes et Observations de l'Année

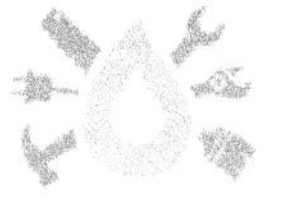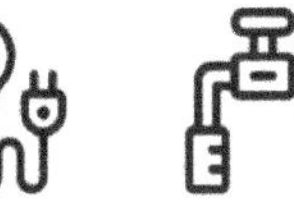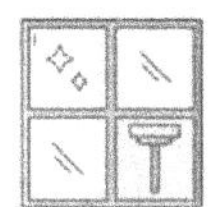

EXTERIEUR

Mois : …......................

Entretien Semestriel

	Prévu	Fait
Nettoyer les cadres des fenêtres extérieures	☐	☐
Vérifier et nettoyer les façades	☐	☐
Inspecter la toiture	☐	☐
Nettoyer les gouttières	☐	☐
Vérifier - Repeindre les surfaces extérieures	☐	☐
Repasser une couche de lasure sur les surfaces en bois	☐	☐
	☐	☐
Nettoyer les allées au lavage haute pression	☐	☐
Nettoyer la terrasse au lavage haute pression	☐	☐
	☐	☐
	☐	☐
Nettoyage et entretien des outils de jardinage	☐	☐
Couper et stérer le bois	☐	☐
Vérifier système d'arrosage - tuyaux	☐	☐
	☐	☐
	☐	☐
	☐	☐
Ponctuel	☐	☐
Tondre la pelouse	☐	☐
Nettoyer les plates-bandes	☐	☐
Taille des haies et arbustes	☐	☐
	☐	☐
	☐	☐

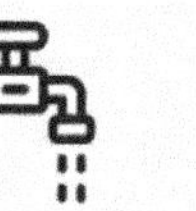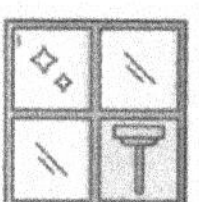

EXTERIEUR

Mois : …....................

Entretien Semestriel

	Prévu	Fait
Nettoyer les cadres des fenêtres extérieures	☐	☐
Vérifier et nettoyer les façades	☐	☐
Inspecter la toiture	☐	☐
Nettoyer les gouttières	☐	☐
Vérifier - Repeindre les surfaces extérieures	☐	☐
Repasser une couche de lasure sur les surfaces en bois	☐	☐
	☐	☐
Nettoyer les allées au lavage haute pression	☐	☐
Nettoyer la terrasse au lavage haute pression	☐	☐
	☐	☐
	☐	☐
Nettoyage et entretien des outils de jardinage	☐	☐
Couper et stérer le bois	☐	☐
Vérifier système d'arrosage - tuyaux	☐	☐
	☐	☐
	☐	☐
	☐	☐
Ponctuel	☐	☐
Tondre la pelouse	☐	☐
Nettoyer les plates-bandes	☐	☐
Taille des haies et arbustes	☐	☐
	☐	☐
	☐	☐

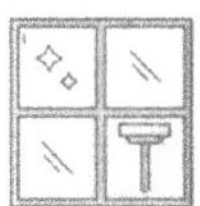

EXTERIEUR

Année : …......................

Entretien Annuel

	Prévu	Fait
Nettoyer les cadres des fenêtres extérieures	☐	☐
Vérifier et nettoyer les façades	☐	☐
Inspecter la toiture	☐	☐
Nettoyer les gouttières	☐	☐
Vérifier - Repeindre les surfaces extérieures	☐	☐
Repasser une couche de lasure sur les surfaces en bois	☐	☐
	☐	☐
Nettoyer les allées au lavage haute pression	☐	☐
Nettoyer la terrasse au lavage haute pression	☐	☐
	☐	☐
	☐	☐
Nettoyage et entretien des outils de jardinage	☐	☐
Couper et stérer le bois	☐	☐
Vérifier système d'arrosage - tuyaux	☐	☐
	☐	☐
	☐	☐
	☐	☐
Ponctuel	☐	☐
Tondre la pelouse	☐	☐
Nettoyer les plates-bandes	☐	☐
Taille des haies et arbustes	☐	☐
	☐	☐
	☐	☐

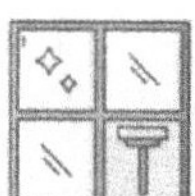

EXTERIEUR

Travaux et Entretiens Exceptionnels

Date - Désignation